大概念教学
15 讲

章 巍

/

著

中国人民大学出版社
·北京·

前 言

从课程标准到课堂教学的"最后一公里"

在教育领域，人们一直在思考一个问题：学校究竟应该教给孩子什么？

20 世纪中叶前，这个问题似乎不难回答：当然应该教给孩子必要的知识和技能。因为在当时，只要具备相应的知识和技能，走出校门后，人们就能从容面对社会生活。

但随着社会发展和科技进步，这种情况发生了巨大变化。如今的世界，知识正以惊人的速度不断增长并更新迭代。人们发现，知识和技能并不能让学习者适应将来社会的发展和挑战。相反，盲目习得大量知识反而会成为今后发展的桎梏，减弱人们适应未来的能力。

那么，什么是比知识和技能更应该让孩子获得的呢？

那就是智慧。今天，我们称其为素养。

随着 2022 年版义务教育课程方案和各学科课程标准的颁布，全国各地掀起了新一轮课程变革的热潮。如果用一句话概括这次变革的要义，那就是通过培育学生的核心素养落实立德树人的根本任务。

但是，这却给我们的教学带来了很大挑战！

因为培育素养与获得知识有本质不同。

知识可以依靠他人传授，素养则只能自我生长。

培育核心素养的关键是让学生透过学科知识，感受学科本质。事实上，大多数人走出校门后，很多知识都会随着时间的推移而忘却，但每个学科总会在我们脑海中留下些什么。历史事件发生的具体年代或许我们早已忘记，但社会兴衰更替的内在规律却留了下来；祖国各地的地形地貌或许我们早已忘记，但自然会对人类产生重要影响的观念却留了下来；形形色色生物的习性特征或许我们早已忘记，但生物的结构和功能要与环境相适应的观念却留了下来……这些道理不会因为具体知识的遗忘而遗忘，它们才是这些学科的真谛！

我们把这些体现学科本质的核心观点，称为大概念，它是核心素养在学习内容中的具体表达。可以说，只有在大概念的统领下，借助知识和技能的学习才会起到培育素养的作用。

然而，单一的"课时"往往难以承载这样的使命，这就需要打破原有的课时壁垒，让课程内容更加结构化。没有课程内容的结构化，学生就不能从整体上把握学科要义，素养的生长也就无从谈起。这就是我们倡导大单元教学的原因所在。

由此可见，大单元的"大"不是一个物理概念，并非形式上的统整，而是从更上位的视角看待要学习的内容。

那么，我们该如何落实大概念统领下的单元教学呢？

理论上的旁征博引并不能解决老师们遇到的种种困惑，他们需要的是日常教学中能够操作的工具、策略和方法。从课程方案到课程标准，再到汗牛充栋的素养类图书，虽然专家和学者已经完成了课程通达课堂的前九十九公里，但是如果没有"最后一公里"，美好的设想就仍是空中楼阁，遥不可及。

这"最后一公里"不是"想"出来的，而是"做"出来的，是在实践研究和思维碰撞中"凝结"而成的。

我们提炼了一个实践模型。除了大概念外，这个模型还涉及两个关键要素——核心问题与核心任务。核心问题是为了让学生理解大概念做出的设问，需要学生深入思考并持续回答；核心任务则是大单元教学中驱动学生学习的动力源，是理解大概念的有效载体。最终，"大概念统领""核心问题导向"和"核心任务驱动"就成为大单元教学设计的三个关键，而"大概念""核心问题"与"核心任务"也就成为大单元教学设计的三要素。

这本书中，还介绍了素养导向的大单元教学如何进行评估，借此我们能够"看到"抽象的素养在大单元教学中是如何真实生长的。

最后的"疑问和讨论"一讲，旨在打消大家对实践的疑虑，澄清认识，矫正行为。

在一定意义上，这是一本大单元教学实践工具书。书中提供了大量各学科相关案例，并尽量用通俗的语言把那些"高深"的理论向大家说清楚、讲明白，让大家"看到"课程理念落实到课堂中的真正样子。

毫无疑问，在日常教学中落实核心素养，是一件意义深远却艰难无比的事。然而，路虽远，行则将至；事虽难，做则竟成。建设高质量的育人体系，实现中华民族的伟大复兴，需要我们持有清晰笃定的课程信念，更需要我们拥有坚忍不拔的实践勇气。只有这样，我们的学生才能在今天的校园里获得面向未来的力量。

| 第 1 讲 |

结识大概念

大家曾在中学的生物课堂上学习过蝴蝶发育的四个阶段——卵、幼虫、蛹和成虫，但我们是否想过以下问题？

一定要记住这些内容吗？

如果不学蝴蝶，换成蜻蜓或蜘蛛行不行？

需要学习所有生物的发育阶段吗？

学生走出校门后，如果忘记了这些知识，这部分学习能给他们留下什么呢？

…………

事实上，这些具体知识并不重要，学习它们，最终是为了让学习者明白"**任何生命体都要经历出生、成长、繁荣和死亡所组成的生命周期**"这样一个道理。而卵、幼虫、蛹、成虫无非是蝴蝶这个特定生命体生命周期的特定阶段而已。

在素养与知识之间架起一座桥

"生命观念"是生物学一个重要的核心素养。什么是生命观念呢？《义务教育生物学课程标准（2022 年版）》中是这样表述的："生命观念是从生物学视角，对生命的物质和结构基础、生命活动的过程和规律、生物界的组成和发展变化、生物与环境关系等方面的总体认识和基本观点，是生物学概念、原理、规律的提炼和升华，是理解或解释生物学相关现象、分析和解决生物学实际问题的意识和思想方法。"①

应该说，课程标准中的表述不仅科学严谨，而且十分全面。但在实际教学中，怎样做才能培养学生的生命观念？又如何"看到"学生对生命观念的理解程度呢？我们一时不好回答。

可见，即使充分理解了核心素养的内涵，也不一定能找到行之有效的培育路径。这说明，核心素养与具体的学科知识之间还存在明显的断层，在教学实践中，必须在它们之间架起一座桥梁。

"任何生命体都要经历出生、成长、繁荣和死亡所组成的生命周期"这句话，恰恰起到了桥梁的作用。

它向上联结学科核心素养，是"生命观念"在某个维度上的具体表达；向下又联结具体的学习内容，是对"昆虫的生长发育"这部分内容本质的提炼与升华。

有了这座桥梁，学科核心素养就不再是抽象的存在。借助它，我们就可以清晰地"看到"核心素养在每部分学习内容中的样子。

我们给这座桥梁起一个名字，叫作"大概念"。

大概念并不是我们通常说的学科知识的概念，比如"方程"的概念、"反射"的概念或"被子植物"的概念。它甚至不是一个名词或短语，而是一个陈述句。大概念是一个重要的学科观点，而且是居于学科中心、相对稳定、有共识性和统领性、能够反映学科本质的观点。

美国学者威金斯（G. Wiggins）和麦克泰格（J. McTighe，又译为"麦克泰"）曾举例说明大概念的意义：

> 一个学生，即使他知识渊博，能说出许多宪政历史上

---

① 中华人民共和国教育部. 义务教育生物学课程标准：2022 年版 [M]. 北京：北京师范大学出版社，2022：4.

的事实，但如果没有领会到法律文字与法律精神之间的差别，那他就不能说自己理解了美国宪法及法律体系。如果学生没有关注具有持久价值的大概念，那么他们就会很容易忘记那些知识碎片。因此，学生可能已经记住了所有的宪法修正案，也可能流利地背出最高法院主要裁决法官的名字，但如果他们无法解释在法律和民主原则保持不变的情况下，修正案是如何修改法律的，那么我们认为学生的理解是不充分的。[①]

大概念实际上是依托具体知识，对相对抽象的核心素养进行了进一步诠释和分解。于是，学习者就可以以理解这些大概念为目标，拾级而上，逐渐形成核心素养。同时，大概念又像揳入每一部分学习内容的锚，稳稳地将知识学习固定在素养方向上，使教学不偏航。可以说，大概念既扮演知识组织者的角色，又扮演素养传播者的角色，是联通知识与素养的使者。

大概念的前世今生

想要深刻理解一个事物的本质，首先就要了解它的历史发展过程。

"大概念"是个舶来词，它主要对应英文"big ideas"，国内也有学者将其翻译成"大观念"或"核心观念"。

20 世纪 60 年代，可以看作大概念的萌芽期，代表人物是布鲁纳（J. Bruner）、奥苏贝尔（D. Ausubel）和菲尼克斯（P. Phenix），他们

---

① 威金斯，麦克泰格. 追求理解的教学设计：第二版 [M]. 闫寒冰，宋雪莲，赖平，译. 上海：华东师范大学出版社，2017：72.

的主要观点如表 1-1 所示。

表 1-1　大概念萌芽期三大代表人物的主要观点

人物	提出的名词	提出时间	主要观点
布鲁纳	学科基本结构	1960 年	任何学科都有一个基本结构，掌握了基本结构，就可以将其应用于新知识的学习，并使所学的知识具有适应新的问题情境的可能性①
奥苏贝尔	要领概念	1963 年	位于上层的要领概念是对事物的整体性认知，具有持久性，不易遗忘；位于下层的附属记忆是对事物特征的具体化的细部记忆，容易遗忘②
菲尼克斯	代表性概念	1964 年	学科知识的组织具有某种固定模式，如果一门学科有一些明确的概念可以代表它，那么彻底地理解这些"代表性概念"，就等于获得了整个学科的知识③

　　20 世纪最后十年和 21 世纪最初十年，被认为是大概念理论的发展期。现在对大概念的基本认识和主要观点，大都是在这期间形成的。其中最著名的当属两对学术组合：一对是前面提到的威金斯和麦克泰格，另一对是埃里克森（L. Erickson）和兰宁（L. Lanning）。他们的著作被翻译介绍到国内后，产生了巨大影响。（如表 1-2 所示）

---

　　① 布鲁纳.教育过程 [M].上海师范大学外国教育研究室，译.上海：上海人民出版社，1973.

　　② 奥苏贝尔.意义学习新论：获得与保持知识的认知观 [M].毛伟，译.盛群力，校.杭州：浙江教育出版社，2018.

　　③ PHENIX P. Realms of Meaning[M]. New York：McGraw-Hill，1964.

表 1-2　两对影响巨大的学术组合

人物	著作	出版时间	主要观点
威金斯和麦克泰格	《追求理解的教学设计》	1998 年出版 2005 年再版	大概念是对个别知识和技能赋予意义和联结的概念、主题或问题，可以被想成是有意义的模式。这些模式使我们将分散的点状知识联结起来。大概念超越了个别的知识和技能，可以应用到学科之内或以外的新情境中
埃里克森和兰宁	《以概念为本的课程与教学：培养核心素养的绝佳实践》	2014 年出版	大概念是对概念关系的表述，是在事实基础上产生的深层次的、可迁移的观念，具有概括性、抽象性、永恒性、普遍性的特征

　　除上述四人，在大概念的研究历程中，还有两位学者，他们分别从数学和科学两个学科入手，把前人的理论变成了现实。

　　2005 年，美国教授查尔斯（R. I. Charles）发表论文，全面论述了数学大概念的定义、意义以及应用领域。查尔斯将数学大概念定义为"数学学习至关重要的观念陈述，是数学学习的核心，能够把各种数学理解联结成一个连贯的整体"[1]。他进一步提出了数学大概念的三大特征。首先，它应该是一个观点或者陈述；其次，它必须对学习数学起到核心作用；最后，它必须具有联结性，能够将许多细节性的理解联结成整体。同时，查尔斯还概括出了中小学数学的 21 个大概念，并详细解读了这些大概念的内涵。2015 年，又添加 2 个，最终形成 23 个比较全面概括中小学数学课程内容的大概念。

---

　　[1] CHARLES R I.Big Ideas and Understandings as the foundation for Elementary and Middle School Mathematics[J]. Journal of Mathematics Education Leadership，2005，7（3）：9-24.

2009 年 10 月，以哈伦（W. Harlen）为首的来自世界各地的 10 位科学家、科学教育专家齐聚苏格兰，召开了一次重要的研讨会。这场持续两天半的研讨会结束后，一本影响深远的小册子——《科学教育的原则和大概念》问世了。这本书明确提出了科学教育的 10 项原则和基础教育阶段的 14 个科学大概念①，2010 年一经出版，即被翻译成多种语言，被欧洲的科学教育者奉为经典。2014 年，这个专家组对第一个版本的大概念进行了微调，撰写了《以大概念理念进行科学教育》，再次引起教育界的强烈反响。我国的韦钰院士参与了这两次研讨，并在两次会后分别翻译出版了上述两部著作，推动了国内对大概念的研究。

2020 年前后，随着"学生发展核心素养"的提出，大概念逐渐进入中国教育界的话语体系，钟启泉、邵朝友、崔允漷、张华、李刚、吕立杰、刘徽等学者先后对其进行了较为深入的探讨，掀起了国内教育界对大概念研究和实践的热潮。

通过以上大概念的"简明发展史"可以看出，社会转型既是教育变革的背景，更是教育变革的动力。大概念理论的产生和发展，是人们不断寻找学习意义和价值的缩影。它是时代背景下，所有教育人的集体思考与智慧选择。大概念能够跨越时代、跨越情境、跨越文化进行迁移，帮助学习者摆脱知识的束缚，指向人本身的真实成长。

大概念与国家课程

图 1-1 是一幅将大概念作为关键词，在中国知网搜索到的近几年中文文献数量统计图。我们吃惊地发现，这方面的文献几乎以每年翻

---

① 哈伦. 以大概念理念进行科学教育 [M]. 韦钰，译. 北京：科学普及出版社，2016：1.

一番的速度在迅猛增长。短短几年，大概念在国内就从鲜有耳闻的阳春白雪，不折不扣地成为时尚流行的高频热词。

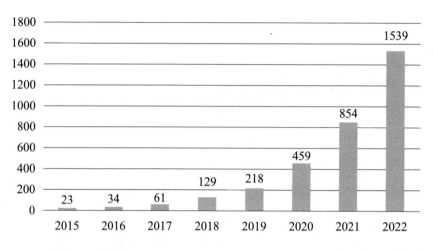

图 1-1　中国知网 2015—2022 年"大概念"中文文献检索量

大概念何以如此火爆？

一个重要原因是《普通高中课程方案（2017 年版）》里有这样一句表述："重视以学科大概念为核心，使课程内容结构化。"[①] 这句话在 2020 年修订时被保留下来。因此，各学科课程标准对大概念思想均有不同程度的体现。自此，大概念才从一些学者的译作和文章中走出来，正式步入国家课程的官方舞台。

从世界范围看，新西兰算是最早将大概念应用到课程中的。早在 2010 年，新西兰就已经开始使用大概念作为架构课程的工具。其国家课程指出，大概念是希望我们的学生在离开学校后，仍然能够长久地记得的那些主要观点和理解。

---

① 中华人民共和国教育部.普通高中课程方案：2017 年版 [M]. 北京：人民教育出版社，2018：前言 4.

2011 年，美国国家研究委员会颁布的《K-12 科学教育框架：实践、跨学科概念和核心概念》首次将大概念理念融入国家课程标准，并于 2013 年发布了《新一代科学教育标准》。该标准明确列出了三个维度的科学教育标准：科学与工程实践、学科核心概念、跨学科概念。以五年级"能量"为例（如表 1-3 所示）：

表 1-3 《新一代科学教育标准》五年级"能量"课程标准 [1]

预期表现		
学生可以通过以下表现来展示理解： 使用模型来描述动物食物中的能量（用作身体修复、生长、运动和保持体温）是曾经来自太阳的能量（说明：模型的例子包括图表和流程图）		
科学与工程实践	学科核心概念	跨学科概念
开发和使用模型 3-5 年级建模建立在 K-2 年级的经验和基础上，发展到建立和修正简单的模型，使用模型去表示事件和设计解决方案 ● 使用模型描述现象	化学过程和日常生活中的能量 ● 消化食物所释放的能量曾经是来自太阳的能量，植物通过化学过程捕获了这些能量，植物自身的物质也在此化学过程中得以形成（来自空气和水） 生物体的物质流与能量流的组织 ● 食物向动物提供它们身体修复和生长所需的材料，以及维持体温和运动所需的能量	能量与物质 ● 能量可以通过多种方式在物体间传递

从表 1-3 中可以看出，"学科核心概念"和"跨学科概念"都属于大概念的范畴。

加拿大不列颠哥伦比亚省从幼儿园到十二年级每门课的课程标准，

---

① 美国科学教育标准制定委员会. 新一代科学教育标准 [M]. 叶兆宁，杨元魁，周建中，译. 北京：中国科学技术出版社，2020：46.

均由三部分——大概念（big ideas）、课程能力（curricular competencies）和课程内容（curriculum content）组成。以二年级数学为例（如表1-4所示）：

表1-4 加拿大不列颠哥伦比亚省二年级数学课程标准 [①]

大概念	100以内的数字表示可以分解为以10和1为单位的数量，并可以用图表的形式表示、比较和解释
课程能力	合理估算；构建情境化数学模型；解释和说明数学思想与结论的合理性
课程内容	重复递增模式；二维和三维对象的多个属性；相等和不等的形象表达

类似地，美国宾夕法尼亚州开发的"标准联合系统"（Standards Aligncd System）将课程框架划定为四个方面：大概念（big ideas）、概念（concepts）、能力（competencies）和核心问题（essential questions）。以八年级历史课程为例（如表1-5所示）：

表1-5 美国宾夕法尼亚州八年级历史学科学习范畴、大概念、核心问题等 [②]

学习范畴	大概念	概念	核心问题	能力	词汇
8.1 历史分析和技能发展	对过去的研究为我们提供信息，帮助我们做出有关自由和自由权的决定	对历史的研究为人们提供了解决问题的能力和认知技能，通过学习过去的经验，做出有利于人类自由和自由权的决定	自由和自由权需要平衡，历史工具是如何被用于检验这种艰难的平衡的	1.分析能力 2.批判思考能力 3.策略意识 4.编年史思维	编年史 自由权 历史角度 自由 主要资源 次要资源

① 由笔者据相关资料翻译。

② 由笔者据相关资料翻译。

学习范畴	大概念	概念	核心问题	能力	词汇
8.2 宾夕法尼亚 历史	刘过去的研究为我们提供信息，帮助我们做出有关自由和自由权的决定	研究历史就是了解如何平衡自由和自由权	宾夕法尼亚州的历史如何反映过去和现在平衡自由和自由权的斗争，同时又为后代争取自由的祝福	1. 分析能力 2. 批判思考能力 3. 策略意识 4. 编年史思维	文物 改变 冲突 连续性 贡献 控制 自由权 自由
8.3 美国历史	对过去的研究为我们提供信息，帮助我们做出有关自由和自由权的决定	研究历史就是了解如何平衡自由和自由权	美国历史如何反映过去和现在平衡自由和自由权的斗争，同时又为后代争取自由的祝福	1. 编年史思维 2. 策略意识 3. 批判思考能力 4. 分析能力	文物 改变 冲突 连续性 贡献 控制 自由权 自由
8.4 世界历史	对过去的研究为我们提供信息，帮助我们做出有关自由和自由权的决定	研究历史就是了解如何平衡自由和自由权	世界历史如何反映过去和现在平衡自由和自由权的斗争，同时又为后代争取自由的祝福	1. 分析能力 2. 批判思考能力 3. 策略意识 4. 编年史思维	文物 改变 冲突 连续性 贡献 控制 自由权 自由

从表1-5中可以看出，这里的大概念与课程内容和课程能力进行了很好的对应。

近年来，亚太地区很多国家，也围绕大概念进行了较为深入的课程改革。例如，新加坡2021年颁布的《数学教学大纲（小一至小六）》就提出了四个主题下的六个大概念（如表1-6所示），并明确将"加深学生对数学大概念的理解和对数学的欣赏"作为课程目标之一。①

---

① 张侨平，陈怡汝. 新加坡小学数学教学大纲（2021版）概述：上 [J]. 教学月刊（小学版·数学），2022（11）：55-57.

表 1-6　新加坡小学数学课程的大概念

大概念	大概念释义	课程主题
图表	图表是对现实世界或数学对象作出的简洁、直观的表示，用于传达对象的属性并促进问题的解决	表达与交流
等价	等价用于表示两种不同形式的数学对象之间的"相等"关系。从一种形式到另一种等价形式的转换是分析、比较和寻找解决方案的基础	性质与关系 运算与算法
不变性	不变性指的是数学对象在经历某种形式的变换时始终保持不变的特性。许多数学结果都有不变性。这些结果被表述为一类对象的一般属性	性质与关系 运算与算法
度量	度量是用数来量化现实生活或者数学对象的属性，并对它们进行分析、比较和排序	抽象与应用
符号	符号表征了数学对象以及它们之间的运算和关系……形成了一个便于数学思想交流的书写系统	表达与交流
比例	比例代表两个量之间的关系，它允许通过乘法推理，用一个量计算另一个量。比例概念的基础是两个量，它们的变化方式使得它们之间的比率保持不变	性质与关系

此外，在英国、法国、澳大利亚等国家的课程标准中，大概念的思想均有充分体现。经济合作与发展组织对30个国家和地区中小学课程的调查数据显示，截至 2018 年，已经有 57% 的国家和地区在课程中运用"大概念"或"关键概念"来重新组织学科知识和内容。

经过六十多年的理论发展以及约二十年的实践探索，时至今日，大概念已经得到世界各个国家、地区和组织的广泛认可，正越来越多地被作为课程架构思路和教学设计方法进行推广，在培育核心素养的道路上发挥日益重要的作用。

| 第 2 讲 |

大概念的表达

任何事物都有内外两个方面的特征。在介绍大概念的内涵与本质前，首先应该明确大概念的外形特征，也就是大概念的表达形式。

在做到"神似"前，争取先做到"形似"。我们先来看看大概念长什么样儿。

是词、短语，还是句子

大概念究竟是一个词、一个短语，还是一个句子？

对这个问题，不同时期、不同学者，有不同的理解和认识。

例如，威金斯和麦克泰格对大概念的表述比较宽泛："大概念可以以各种形式体现——一个词、一个短语、一个句子或者一个问题。"[①]

王春易同意这种观点，她也指出，在呈现大概念时，不必拘于形式，可以用陈述句表述，也可以用一个名词、短语或者一个问句表示。[②]

埃里克森和兰宁在其著作《以概念为本的课程与教学：培养核心素养的绝佳实践》中，提到了知识的结构（如图 2-1 所示）。该结构从底层的"事实"出发，向上依次为"主题""概念""概括""原理"和"理论"。

① 威金斯，麦克泰格.追求理解的教学设计：第二版 [M].闫寒冰，宋雪莲，赖平，译.上海：华东师范大学出版社，2017：77.

② 王春易，等.从教走向学：在课堂上落实核心素养 [M].北京：中国人民大学出版社，2020：88.

图 2-1　知识的结构[①]

　　这里的概念，可以"用一两个词或者短语来表述"[②]，"例如，宏观概念（跨学科的）：变化、系统、独立……微观概念（更多是学科内的）：角度、文化、噪音、恐惧、栖息地……"[③]。

　　与概念不同，概括是"表述两个或两个以上的概念之间关系的句子"[④]。"概括是由事实性实例支撑的真理"[⑤]，"它们是跨时间、跨文化、跨情境可迁移的理解。……'生态系统中的生物体形成相互依存的关系'即是一个概括的例子"[⑥]。

　　第1讲提到的查尔斯，在提炼数学大概念时，对每个大概念，他都给出了一个词或短语。但他指出，这只是大概念的名称，大概念指的是名称后面的陈述（如表2-1所示）。把一个大概念表达成一个陈述，才能使人们理解这个大概念的基本意义。

　　①②③④⑤⑥ 埃里克森，兰宁.以概念为本的课程与教学：培养核心素养的绝佳实践 [M].鲁效孔，译.上海：华东师范大学出版社，2018：26-27.

表 2-1　查尔斯的数学大概念节选 [①]

名称	大概念
数	实数集是无限的，每个实数都可以与数轴上的唯一点相对应
运算的意义和关系	相同的表达式可以与不同的具体的现实世界情境相关联，不同的表达式可以与相同的具体的现实世界情境相关联

刘徽持相同的观点："这里必须指出，大概念一般是一个句子，而不是一个词语，比如'数学抽象''悬念'都是大概念的名称，而不是大概念。这是因为大概念是要促进理解的，但如果仅给一个词语，很难起到这个作用。" [②]

在哈伦等人影响巨大的经典著作中，科学大概念也是以陈述句表达的，甚至他们都没有给出这些大概念的专属名词（如表 2-2 所示）。

表 2-2　《以大概念理念进行科学教育》中的 14 项科学大概念 [③]

科学知识的大概念	1. 宇宙中所有的物质都是由很小的微粒构成的
	2. 物体可以对一定距离以外的物体产生作用
	3. 改变一个物体的运动状态需要有净力作用于其上
	4. 在宇宙中能量的总量总是不变的，但是，在某种事件发生的过程中，能量会从一种储存形式转化成另一种储存形式
	5. 地球的构造和它的大气圈以及其中发生的过程，影响着地球表面的状况和气候

① 本内容由笔者据相关资料翻译。

② 刘徽. 大概念教学：素养导向的单元整体设计 [M]. 北京：教育科学出版社，2022：39.

③ 哈伦. 以大概念理念进行科学教育 [M]. 韦钰，译. 北京：科学普及出版社，2016：17-20.

	6. 宇宙中存在着数量极大的星系，我们所在的太阳系只是其中一个星系——银河系中很小的一部分
	7. 生物体以细胞为基础构成，并具有一定的生命周期
	8. 生物需要能量和物质的供给，为此它们经常需要依赖于其他生物或与其他生物竞争
	9. 生物体的遗传信息会一代代地传递下去
	10. 生物的多样性、存活和灭绝都是进化的结果
关于科学本身的大概念	11. 科学是在究其所以，或是发现自然现象的原因
	12. 科学上的解释、理论和模型都是在特定的时期内与可获得的实证最为吻合的
	13. 将科学研究中得到的知识运用于工程和技术，以创造服务于人类的产品
	14. 科学的运用常常会对伦理、社会、经济和政治产生影响

李刚将大概念的表述分为四种取向（如表2-3所示）。

表2-3　大概念表述的四种取向 [①]

类型	表达形式	示例
理解取向	两种及以上概念之间关系的陈述句	生物体需要能量和营养物质，为此它们经常需要依赖其他生物或与其他生物竞争
目标取向	学生需要达到或完成的要求的祈使句	建构对观察的理解并进行观察实践
主题取向	围绕某一主题的短语	积累素材的途径与方法
知识取向	简短的词或词组	物质和能量

---

① 李刚. 大概念课程与教学：从理论到实践 [M]. 北京：社会科学文献出版社，2022：25.

但他同时指出，后三种类型"虽然保有大概念的中心性特征，却失掉了大概念在认识论、方法论以及学习论方面的价值，没有将大概念提到更高的意义理解层面，关联性、持久性以及迁移价值都大大降低"①。而第一种理解取向的大概念表述（陈述句）"清晰地阐释了概念间的关系，指向了更有深度、更高层次的协同性思考，打破了事实性知识的孤立零散状态。同时，理解取向的大概念建立了新旧知识之间的关联，为学生提供了跨时间、跨区域、跨情境的线索迁移"②。"这不仅能够让教师把握教学设计的整体结构，同时能够让学生内化并获得更好的迁移。"③由此可见，李刚更认可陈述句形式的大概念。

闫存林在谈到语文学科大概念时曾举例说，"意象"是进入诗歌的重要密码，但仅用"意象"这么一个词语作为大概念，仍会比较模糊，没有体现本质。假如找到与"意象"关联的另一个词语——诗人的"情思"，"意象与情思"这样并列的两个概念就比单一的"意象"更具结构性。如果进一步根据它们的关系形成一个明确的判断，即**"诗人都善于运用意象来表达自己的情思"**，将其作为大概念，就更确切了。从而，他指出，"每个大概念以命题而非概念术语的方式表达，可以更加清楚地说明概念的内涵与其学习要求"。④

了解了以上观点，我们再回到课程标准中。

我们知道，各学科课程标准对核心素养都是以词或短语形式表述、呈现的，比如"空间观念"（数学）、"区域认知"（地理）或"文化理解"（艺术）。如果我们提炼的大概念，还仍然停留在词或短语的层面，就不能有效解决学科素养与具体知识之间的关联问题。只有进一

①②③ 李刚.大概念课程与教学：从理论到实践 [M].北京：社会科学文献出版社，2022：25-26.

④ 闫存林.语文学习任务设计：原理、方法与案例 [M].北京：中国人民大学出版社，2022：76.

步概括出具体而相对明确的学科观点，对教师的教和学生的学才更有现实意义。

因此，在本书中，我们统一使用陈述句来表达大概念。它应该指向学科内部，揭示学科本质，具有清晰鲜明的观点和态度。

有时，人们会将"如何看待文学作品与真实历史的关系"这样的疑问句当作大概念。不能否认的是，提出类似的问题往往有助于我们提炼大概念，但仅就疑问句本身而言，由于它并没有给出确切的学科观点，也就不能称为大概念。而如果将这个问题的答案表述成陈述句——"文学作品不能等同于历史，但其中有可能存在丰富的历史信息"，它就具有大概念的作用。

同样，像"中华文明的起源"这种单元标题或学习主题，通常也不适合直接拿来作为大概念，因为它并不具有概括性和迁移性。而如果将其表述成陈述句——"早期文明的起源具有明显的地域特征"，就具有大概念的特征，因为它可以迁移运用到对古埃及等其他文明起源的解释。

当然，像查尔斯那样，给陈述式的大概念起一个"名字"，或者用一个词或短语加以概括，倒是可以的。这样做，有时能够帮助我们更加方便地交流和沟通。

这是一个逻辑学上的命题

用陈述句表达大概念是恰当的方式，但这并不代表所有陈述句都可以作为大概念的表达方式。因为陈述句从逻辑结构来看有很多类型，我们必须进一步做分析。

一般来说，大概念在逻辑学上应该构成一个命题。

钟启泉曾提出，大概念是"把现行的极其丰富的学科内容精简为一组简单的命题"①。这里说的命题，是一种能够进行肯定或否定判断的语句。"命题通常是陈述句。疑问句、感叹句、祈使句都不是命题。"②

在日常生活中，我们经常会遇到这样的句子：

> 这里的风景看起来不错。
> 明天要是下雪就好了。
> 小明的表演很精彩。
> 宇宙里一定存在外星文明。

这些语句都是陈述句，也都表达了一定的观点和态度。但有些句子表示的只是个人的一些主观感受。比如，风景美还是不美、下雪好还是不好、表演精彩还是平庸，是仁者见仁，智者见智的，我们既无法说它对，也不能说它错，因为感受本身无关对错。

而对"宇宙里一定存在外星文明"这句话，我们则是有话可说的。也许有人赞成这个观点，也许有人质疑这个观点，这些都不重要。重要的是，我们可以根据自己的认识对它做出判断。

由此可见，作为大概念的命题比一般陈述句更为严格，这主要表现为，在相应的领域内要能够对其做出判断。

命题的核心是反映对象之间的关系，也就是用一种关系把两个或多个对象联系起来③。大概念通常具有这样的特征。

比如，"生物的多样性和适应性是进化的结果"是一个生物学大概

---

① 钟启泉.现代课程论：新版 [M].上海：上海教育出版社，2003：134.

② 金炳华.马克思主义哲学大辞典 [M].上海：上海辞书出版社，2003：584.

③ 史宁中.数学思想概论：第 3 辑　数学中的演绎推理 [M].长春：东北师范大学出版社，2009：17.

念。其中，"生物的多样性""生物的适应性"以及"进化"都是生物学概念，这句话揭示了这三个概念之间的因果关系，即进化是形成生物多样性和适应性的根本原因。

再如，"**一个地区的地形、气候和自然资源会影响这一地区居民的生活方式**"是一个地理学大概念。其中，"地形""气候""自然资源"和"生活方式"都是地理学概念，这句话揭示了这四个概念之间的相互关系，即地形、气候和自然资源是影响人类生活方式的重要因素。

大概念、学科概念与学习目标

我们发现，一些学科概念的定义和很多学习目标，也是用陈述句表达的。那么，大概念跟它们有什么区别和联系呢？

大概念与学科概念

每个学科都有自己的概念体系，大多数学科概念的定义都是一个命题式的陈述句，比如，"有一个角是 90°的三角形是直角三角形"。由于定义是对概念特征的一种抽象概括，是人们对认识对象的认识成果的总结和提炼，所以从外在形式来看，它很像我们所说的大概念。

应该说，一些思想性、观念性很强的学科概念，其定义确实可以作为大概念使用。例如，"**地图是遵循一定数学法则（投影、比例等）、运用完备的符号系统、呈现自然环境或社会经济等地理要素的图形**""**化学元素是核电荷相同的一类原子的统称，原子是元素存在的具体形式**"，都可以看作大概念。

然而，需要指出的是，即使一些概念在学科中十分关键和重要，而概念的定义，如果只注重形式，没有揭示内在的学科规律或本质，也不能称为大概念。

例如，方程无疑是数学中处于核心位置的一个重要概念，在很多中学教材里，方程的定义通常会被表述成"方程是含有未知数的等式"。这个定义虽然明确给出了方程的外在特征，但没有揭示方程的内在本质。记忆和背诵这个定义，并不会让学生对方程产生深刻的感悟和理解。

事实上，就方程这个学科概念来说，如果我们希望揭示其意义，那么可以提炼**"方程是同一个量的两种等价表达"**作为大概念。因为方程的等号两边，表述的实际上是某个事件中的同一个量，但采用了两种不同的表示方法。等号代表这两种表示方法是等价的，其中暂时未知的数量用特定的符号表示。

换个角度，如果我们希望体现方程与现实的密切联系，那么可以提炼**"方程是刻画现实世界等量关系的有效模型"**作为大概念。因为创造一种数学工具，往往并非数学家们的凭空构想，而是解决实际问题的需要。方程通过设置未知数来构建等式关系，可以帮助我们得到不易通过四则运算获得的数量。

通过对比会发现，这两个大概念其实都不适合作为方程的定义。但是，它们蕴含的思想内涵却比方程的定义更为深刻，分别从一个侧面揭示了方程的本质。

七年级上进行《骆驼祥子》整本书阅读教学时，老师们希望提炼一个大概念。因为这部小说是一个悲剧，所以老师们就将大概念锁定在如何揭示悲剧的本质上。

悲剧的文学定义是："悲剧是戏剧的一种类型，指描写主人公因和现实环境的冲突，或因本身的过错而失败、受难，以至毁灭的一种戏剧。"①

这个定义，从文学作品的分类和基本结构出发对悲剧做出了描述，其科学性固然毋庸置疑，但是让学生学习悲剧作品，并不是希望学生最终掌握这个专业定义，而是希望学生收获心灵的震撼并能深刻反思。

一般来说，悲剧有两个最重要的特征——主人公令人感佩的勇气与不可避免的失败。勇气是人的一种可贵品质，而失败则是一种令人难以忍受的结局。没有勇气，人物所特有的抗争行为就不可能发生或延续；没有失败，悲剧就不可能给人带来异常强烈的震撼。

所以说，悲剧往往带有一种缺憾美。我们可以设想，倘若罗密欧与朱丽叶得到了幸福，哈姆雷特最终战胜了恶人，贾宝玉与林黛玉终成眷属，梁山伯与祝英台的爱情被世俗认可……恐怕，相关作品就缺乏强烈的批判性，无法成为经典被人们传诵。与喜剧相比，悲剧往往更具一种催人反思、促人反省的深刻力量。正如鲁迅先生在《再论雷峰塔的倒掉》中所说："悲剧将人生的有价值的东西毁灭给人看，喜剧将那无价值的撕破给人看。"

因此，可以将下面这句话作为大概念。

● 悲剧是将美好的东西毁灭了给人看，让人遗憾惋惜的同时引发反思和觉醒往往是作者想要表达的思想内涵。②

总的来说，大概念与学科概念既有一定的联系，又有鲜明的区别。我们不能误认为大概念就是某些宏大而重要的学科概念，但这些学科

① 胡敬署，陈有进，王富仁，等.文学百科大辞典[M].北京：华龄出版社，1991：22.

② 章巍，等.未来教师的大概念教学设计[M].北京：机械工业出版社，2022：24.

概念的定义往往能帮助我们思考和探寻大概念。借助学科概念去提炼大概念的方法，我们将在第 7 讲详细论述。

大概念与学习目标

学习目标是老师们再熟悉不过的，它是教师的教与学生的学的标尺。例如：

列举我国和本地区水资源状况与水污染的主要原因，增强节约用水的意识和防止水污染的责任感。

理解身体健康在学习、生活中的重要意义，树立良好的健康意识。

事实上，进行教学设计时，制定清晰、适切的学习目标是十分重要的环节。但学习目标不等同于大概念。

这主要是因为学习目标与大概念的作用有重要不同。

学习目标的作用是引导教师的教和学生的学，其表述中含有预期的学习结果和达成结果的行为或路径。而大概念的作用是揭示学科本质，它是客观陈述，并不会对怎样才能体会到这个大概念进行说明，也不会对学习结果的达成标准做出要求。

学习目标具有靶向性，两个内容不同的学习单元不可能存在完全相同的学习目标，清晰程度是评价学习目标撰写是否到位的重要标准。而大概念具有迁移性，它既扎根于现有的单元学习内容，又可以从具体内容迁移上升到素养层面，具有宏观的指导意义，深刻程度是评价大概念撰写是否到位的重要标准。

还有一种学习目标经常出现在教师用书、教案等教学参考资料中。例如："将立体图形通过绘制三视图的方式转化为平面图形，是发展空间观念的重要途径。"

这种学习目标在一定程度上揭示了教与学的规律，看起来与大概念很像。但仔细琢磨就会发现，其表述的仍是教学行为和预期达成的学习结果，而并非学科本质。当然，这类学习目标由于与大概念已十分接近，可以作为提炼大概念的重要参考。比如，可以根据上述学习目标中的信息，提炼出以下大概念：

● 维度是图形的基本特征之一，降维是研究图形的重要方式。

大概念的本质

大概念的本质究竟是什么？

学者们对大概念有很多形象的比喻。

克拉克（Edward Clark）把大概念比作文件夹，认为它们提供了一个框架或结构，我们可以将几乎无穷无尽的信息归档在其中。

奥尔森（H.L. Olson）指出，大概念是"'能带回家的信息'（take-home message），它是具体的经验和事实都已忘记之后还能长久保持的中心概念"①。

威金斯和麦克泰格把学科知识比作一辆零件众多的车，大概念就像这辆车的车辖②。有了车辖，车轮等零部件才能组装起来，否则只能散落一地，毫无用处。

埃里克森将大概念比喻成透镜，学生拿着大概念"透镜"观察学科世界，更便于对知识加以提取，进行迁移和灵活运用。

教育学界对大概念的一个共识是，大概念体现的是"专家思维"。2014 年颁布的《美国国家核心艺术标准》认为，"专家学习者与初级学习者在学习过程中的关键差别，就在于围绕大观念（big ideas）的组织与聚焦思维的能力"③。

---

① 盛慧晓.大观念与基于大观念的课程建构 [J].当代教育科学，2015（18）：27–31.

② 车辖，车的一种配件，是车轴两端的键，即销钉，能够使车轮固定在车轴上。

③ 国家核心艺术标准联盟.美国国家核心艺术标准 [M].徐婷，译.刘沛，审校.上海：上海音乐出版社，2018：10.

作为教师，大家都有这样的体会：我们能够比学生更快地找到解题思路，并不是因为我们比他们掌握了更多知识——事实上师生在解题时运用的知识是一样的，而是因为我们学会了调取知识，从而始终能够把握正确的思考方向，少走弯路，不断逼近目标。

也就是说，专家在头脑中对知识进行加工与重组后，会形成一系列大概念。这些大概念将碎片化的知识与方法联结起来，一旦当前问题涉及这些联结中的某个点，就会触发调取这一知识或方法解决问题的开关。

正如凯恩（Renate Caine，Geoffrey Caine）所说，"专家是这样一些人，他们把自己领域内的要素发展成他们自己的自然范畴"[1]。

接下来，我们将从下面三个视角来概括大概念的本质。

一个鲜明的学科观点

我们已经知道，大概念表达的是学科观点。这个观点必须明确，不能含糊不清，模棱两可。麦克泰格和威金斯认为，大概念必须是一个鲜明的观点，是有意形成的概括，即所谓"故事的寓意"[2]。他们用"故事的寓意"来表达大概念的这种特质，是十分生动和巧妙的。

首先来看一个数学大概念：

● **数域扩张是运算追求完备的必然产物。**

---

① 凯恩 R，凯恩 G. 创设联结：教学与人脑 [M]. 吕林海，译. 上海：华东师范大学出版社，2004：91.

② 麦克泰，威金斯. 理解为先单元教学设计实例：教师专业发展工具书 [M]. 盛群力，张恩铭，王陈烁，等，译. 宁波：宁波出版社，2020：113.

数学学习总是伴随着数域的不断扩张。小学最初认识的只是自然数，后来又学习分数、小数。通常初中开始学习负数，再后来学习像$\sqrt{2}$这样的无理数。高中又学习虚数。

为什么要不断扩大数的范围呢？

任意选择两个正整数做加法，其结果一定是正整数。而任意选择两个正整数做减法，就很可能出现小数减大数的情况。这样得到的结果就不再是正整数，如果不引入负数，就无法得出结果。同样，任意两个正整数相乘的结果总是正整数，而想要两个正整数相除总有结果，就必须引入分数。类似地，想要开方运算顺利得出结果，就需要引入无理数甚至虚数。由此可见，想要我们定义的数学运算总是可以顺畅地实施，而不必担心得不出结果，就必须让数的范围不断扩张。[①]

再来看一个地理学大概念：

● **地理位置影响着人们参与世界的程度。**

在振兴偏远山区经济时，有一句我们耳熟能详的口号，叫作"要想富，先修路"，意思是通过改善交通状况来扭转地理位置的劣势，从而带动经济发展。无论从世界范围看，还是从我国情况看，那些地理位置优越、交通便利的地区，经济、文化都相对发达，人们的生产生活与外界联系密切，与世界局势的"共振"也更明显。相反，内陆地区、山区和高纬度地区，经济发展往往缓慢，信息闭塞，人们与世界的联结性不强。

可以看出，作为学科观点的这些大概念，在表达上都旗帜鲜明，掷地有声，且高度凝练。当然，这种"底气"首先源于它们的科学性。

① 章巍.概念为"的"，单元做"矢"[J].星教师，2021（2）：23-24.

而有的大概念像威金斯和麦克泰格所说，初听起来并不那么容易理解和接受，但经过解释，在学科内部易被普遍认同。

同时，这些大概念并非指向某个具体知识，而是对一类知识内在规则的揭示，具有很强的普适性。正如布鲁纳所说，"学到的观念越是基本，几乎归结为定义，则它对新问题的适用性就越宽广"[①]，"懂得基本原理可以使得学科更容易理解"[②]。

一个深刻的学科判断

大概念应该是一个基于诸多学科事实做出的判断，而且这个判断有一定的深刻性——对现象加以概括，给我们以启发。一个好的大概念不应该是那种显而易见、尽人皆知的"简单真理"。那种看起来很正确却"无关痛痒"的表述，并不适合作为大概念。例如：

> 音乐可以陶冶人们的情操。
> 实验是学习物理的重要途径。

这些表述并不能帮助我们更深刻地理解音乐和实验的本质特征。

《追求理解的教学设计（第二版）》一书，对大概念这方面的特征有以下表述：

> 作为学科核心的概念，它们是通过深入探究而得到的来之不易的结果，是各领域专家的思考和感知问题的方

---

① ② 布鲁纳.教育过程 [M].上海师范大学外国教育研究室，译.上海：上海人民出版社，1973：12，16.

式。这些概念是不明显的。事实上，许多专家提出的大概念对于初学者来说是抽象的、违反直觉的，甚至是容易产生误解的。①

由此可见，深刻性应该是大概念的一个重要的基本特质。

请看下面这个例子：

● **制度创新是推动社会发展和进步的重要动力。**

制度是一个政治学概念，包括政治制度、经济制度、军事制度、法律制度、教育制度等。一个盛世的出现，往往与这一时期社会制度的建设和创新有密切的关系。

纵观历史，商鞅变法时的"废井田，开阡陌""授田于民"，是对土地制度进行的改革和创新，大大提高了秦国的经济实力；秦朝统一后在全国推行的郡县制，是行政管理体制方面的创新，有利于加强中央集权，促进国家统一；隋唐时期进行的官制、兵制及赋税制度等全方位的变革，是中国封建社会制度创新的典范，造就了著名的隋唐盛世。

因此，无论在什么社会阶段，制度创新都是社会发展和进步的重要动力。今天的中国之所以取得中国特色社会主义伟大成就，向着中华民族的伟大复兴大踏步迈进，同样是不断变革和进行制度创新的结果。②

再看一个例子：

① 威金斯，麦克泰格.追求理解的教学设计：第二版 [M].闫寒冰，宋雪莲，赖平，译.上海：华东师范大学出版社，2017：73.

② 陈新民，韩文杰.历史学科大概念的界定与教学课例 [J].历史教学（上半月刊），2021（5）：3-8.

● **战争、移民和贸易，导致了语言、习俗和观念的传播。**

我们知道，世界上一些国家、民族和地区，语言、习俗和观念有很多相似之处，甚至完全相同。那么，究竟是什么原因导致了这种结果呢？从历史发展中可以看出，这些国家、民族和地区之间至少发生过以下三种情况——战争、移民和贸易中的一种。

一些被殖民的国家虽然早已独立，但却一直保持着原来殖民国家的习俗和观念，甚至保留了殖民国家的语言作为一种官方语言，成为殖民主义永远的罪证。有一些移民国家，原来的居民逐渐接受了移民输出国家的语言、习俗和观念。还有一些语言、习俗和观念的变化是由于贸易的需要。比如，我国边境一些居民对邻国的语言和习俗谙熟于胸。因为只有这样，他们才能自如地和对方做生意。在一些边境集市上，你甚至无法分辨迎面走来的究竟是哪个国家的人。①

通过以上例子可以看出，大概念不是直接指向学科现象的，不是浅显的、一般化的学科表达，而应该反映学科规律、准则和本质，具有广阔的解释视野，集中体现具有学科特质的思想或看法。可以说，深刻性是大概念最重要的特征之一；一旦失去深刻性，大概念的价值就荡然无存。

一个可迁移的学科规律

大概念既依托于学科知识，又不单纯指向某个具体知识；既是对学习内容的高度概括，又不依赖这些内容而存在，甚至在学生忘记

---

① 章巍，等.未来教师的大概念教学设计 [M].北京：机械工业出版社，2022：28.

那些具体知识后仍能持续产生影响，具有超越课堂的持久价值和迁移价值。

例如：

● **互逆运算在更大的数系内可以统一。**

学习数学时，我们会发现，在较小的范围内，比如正数范围内，加法与减法是互逆的运算。当我们扩大数的范围，比如在有理数范围内时，就有一个法则——"减去一个数等于加上这个数的相反数"，即 $5-(-2)=5+2$。从这个意义上看，加法和减法是可以统一的。

同样，在实数范围内，原来被认为互逆的乘方和开方运算，也是可以统一的。比如，$\sqrt[3]{4}$ 也可以写成 $4^{\frac{1}{3}}$。

正是由于这个大概念具有普适性，对很多数学运算都适用，所以它具有很强的迁移性。学生可能会遗忘具体的运算法则，但却可以运用这个大概念去辩证地认识许多运算之间的关系。[①]

再看下面的大概念：

● **艺术作品的价值不完全取决于其技法，而更在于其思想内涵。**

艺术作品的价值标准往往是主观的，因人而异，因人的价值观而异。

一件绘画作品是否画得越真实，就一定越好呢？显然，答案是否定的。因为技法固然重要，但它只是艺术创作的基础，真正好的艺术

① 章巍. 概念为"的"，单元做"矢"[J]. 星教师，2021（2）：24.

作品并不是以技法的高低来评价和判断的。人类历史上那些不朽的作品，往往是思想深刻，而不是技法高超的。正如法国思想家和文学家罗曼·罗兰（Romain Rolland）所说，艺术的伟大意义，基本上在于它能显示人的真正感情、内心生活的奥秘和热情的世界。

图 3-1 是"人类艺术史上罕见的天才"毕加索（P. Picasso）在 20 世纪 30 年代创作的巨型油画《格尔尼卡》的临摹作品。

图 3-1 《格尔尼卡》临摹作品 ①

第一眼看时，你会感觉画面支离破碎，杂乱无章，笔法幼稚，色彩单调，甚至不符合基本的透视学原理。在不了解创作意义和创作背景时，我们并不觉得这幅作品好，甚至感觉它毫无艺术性可言。但毕加索正是借这种"荒诞"来表达战争带给人的恐惧和绝望。画家用奇特的艺术表现形式，从绘画的局限中脱离出来，展现出意象世界，体现在作品中就是一种思想和情绪的表达。因此，这幅作品被艺术界奉为经典，对 20 世纪的艺术产生了深远影响。

关于技法，正如毕加索自己所说，他能用很短的时间就画得像一

---

① 该作品由北京十一学校中堂实验学校 2023 届学生秦铭临摹。

位大师，却要用一生的时间去学习像孩子那样画画。

上述大概念并非针对某个作品而言，而是适用于所有艺术形式，是艺术创作普遍秉承的一个理念，具有普遍的指导性。

布鲁纳指出，"迁移"应该是大概念的本质和价值所在。

每个学科领域都有一些基本概念，它们是对学者们所研究内容的归纳和总结——这些概念为未曾研究的内容赋予了许多意义，同时也为许多新问题的处理提供了基本思路。

大概念的这种迁移性，实际上源自其中心性。

正是由于大概念居于学科中心位置，涉及学科主干与核心内容，因此具有吸附知识的作用，成为知识的联结点和生长点。学生的学习会因为这些大概念的存在而被赋予意义，依靠大概念自主学习获得的知识远比教师教的要多，掌握得也更加牢固。

最后，可以用图3-2来呈现大概念的特征。

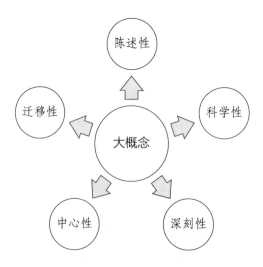

图3-2　大概念的特征

总之，大概念反映了学科本质，是学科核心素养在某个学科学习内容层面的具体表达。如果我们能够围绕大概念进行课程与教学的设计，就能使学生的学习更为深入，帮助学生超越学科知识形成学科观念，让学生像学科专家一样思考和表达，最终形成带得走的素养和能力，而不是背不动的试卷和书包。

突破边界的大概念

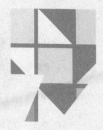

大概念的"大"指的是什么呢?

这个"大"不是"庞大"或"宏大"的意思,而是"核心"与"本质"。

美国数学教育专家福斯诺特(C. Fosnot)在谈到数学大概念时指出,大概念之所以"大",是因为它们是数学中最关键的观点,能够促进儿童思维结构的巨大飞跃。

那么,大概念究竟应该有多大?是一个单元、一章、一节,还是一个课时?大概念可以跨越单元吗?可以跨越教材吗?可以跨越学科吗?

事实上,大概念不仅可以突破单元,还可以突破学段和学科边界。

多大算大

大概念的"大"是相对的。哈伦就认为科学教育中有大概念和小概念之别。比如,"蚯蚓能很好地适应在泥土中的生活"[1]是小概念,"生物体需要经过很长时期的进化形成在特定条件下的功能"[2]则属于大概念,因为其适用范围更广,更具一般性,解释力也更强。

事实上,大概念具有不同的层次,就像汽车的挡位,不同"挡位"的大概念适合不同的"路况"。下面我们以八年级上生物学"微生物"

[1][2] 哈伦.科学教育的原则和大概念 [M].韦钰,译.北京:科学普及出版社,2011:9.

单元的大概念为例，来说明大概念的不同层次（如图 4-1 所示）。

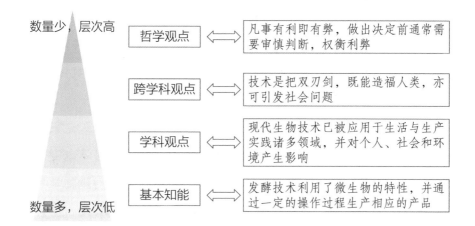

图 4-1 生物学"微生物"单元不同层次的大概念

基本知能

　　处在最底层的是基本知能层面的大概念："**发酵技术利用了微生物的特性，并通过一定的操作过程生产相应的产品。**"

　　微生物在生活中无处不在，细菌会使食物腐败变质，病毒常常威胁人类的健康，但合理利用也会给我们的生活带来很多好处，发酵就是如此。酒、酸奶、酱油、面包、腌菜以及抗生素、激素药、疫苗等都是利用微生物发酵制成的。随着科学技术的日益发展，微生物在生产生活中扮演着越来越重要的角色。

　　基本知能层面的大概念与具体学习内容之间的联系更为紧密，通过它，学生可以整体把握发酵的本质，从而更加系统全面地认识微生物这一特殊的生物群落，也能进一步体会生物技术的广泛应用，为提炼更上位的大概念奠定基础。

学科观点

基本知能层面之上是学科层面的大概念。

"现代生物技术已被应用于生活与生产实践诸多领域，并对个人、社会和环境产生影响"这个大概念，跳出了微生物和发酵的具体知识，指向生物学与现实世界的联系，体现了学科广泛的应用价值。

同时，它还与学科核心素养有明显的关联。"态度责任"是义务教育阶段生物学科所要培养的四个核心素养之一，它包含科学态度、健康意识和社会责任三个方面。其中社会责任是指，"基于对生物学的认识及对科学、技术、社会、环境相互关系的理解，参与个人和社会事务的讨论，作出理性解释和判断，解决生产生活问题的责任担当和能力"[①]。可以看出，这个大概念正是社会责任在本单元学习内容中的具体体现。

由此可见，学科层面的大概念相较于基本知能层面的大概念，更具概括性，与学科核心素养的对应性也更强。

跨学科观点

从学科层面再向上，就会看到跨学科层面的大概念——**"技术是把双刃剑，既能造福人类，亦可引发社会问题"**。

任何技术的运用都具有两面性，既可以为人类创造巨大的利益，也可能给人类带来巨大的灾难。克隆技术、转基因技术、能源开发技术等会带来环境污染、生态失衡等，技术的发展是一首悲喜交加的交

---

① 中华人民共和国教育部.义务教育生物学课程标准：2022 年版 [M].北京：北京师范大学出版社，2022：5.

响曲。

近年来，科学技术的运用引发了广泛的社会争论。只有认识到，运用技术不仅是科学问题，也是社会问题，既不能因噎废食，也不可肆无忌惮，人类才能规避技术风险，在享受今天的同时，赢得未来。

跨学科层面的大概念，关注更加普遍的理念，涉及的领域更广，揭示的道理也更具一般性。

哲学观点

处在最上层的是哲学层面的大概念："**凡事有利即有弊，做出决定前通常需要审慎判断，权衡利弊。**"

这个大概念告诉我们，要辩证地看待世界上的事情。可以说，世界上几乎不存在有百利而无一害和有百害而无一利的事情。大到国家、政府，小到个人、家庭，都是如此。如果基于一定的立场或者受到认识的局限，片面地放大利（弊）的方面，就会给决策带来不利影响。

哲学层面的大概念，不再与具体的知识产生直接联系，而是从认识论或方法论的高度出发提炼的"放之四海而皆准"的更加深刻的哲理。

我们不难发现，越是上位的大概念，其内涵越丰富，统摄的内容越多，也越具普适性。相应地，它与具体内容的联结也越弱。

正如哈伦所说："在理论上，这种将概念连接在一起而形成较大概念的过程，可以一直延续下去，直到归纳成数目很少的几个顶层概念，甚至于可以用一个概念解释所有的事物。这样的一些概念，必然是高度抽象的，并和实际的经验相去甚远，在解释一些经验时，它们不如那些与实际事件和现象联系更为明显的概念有用。"[1]

在日常教学中，我们主要关注学科层面的大概念，因为这一层面的大概念能更好地体现学科核心素养的内涵，与单元学习内容也有紧密的联结。同时，一些跨学科课程，还应该关注跨学科层面的大概念。

跨越学科的大概念

"跨学科"是当前教育界热议的一个话题。

《义务教育课程方案（2022年版）》明确提出："各门课程用不少于10%的课时设计跨学科主题学习。"[2]

课程方案为什么提出跨学科学习呢？

我们知道，知识的发展是需要分科的，而解决生活中的现实问题往往是无法分科的。分科课程的设置，既显现出有利于学生迅速、系统地掌握知识等诸多优势，也暴露出容易轻视学生的经验、脱离现实社会、肢解学生的完整生活等诸多不足。因此，我们需要一条联结生活与学科的通道，这就是跨学科学习。

那么，实施跨学科课程有哪些难点呢？

除了主题的确定和内容的遴选外，另一个很大的困难是，不同学科的学习内容往往很难真正聚合起来。这造成很多跨学科课程看起来不是一个有机整体，而更像各个学科知识的拼盘。

请看下面的例子。

在中国历史上，唐朝占有重要的地位，它不仅在政治、军事和文

---

① 哈伦.以大概念理念进行科学教育[M].韦钰，译.北京：科学普及出版社，2016：15.

② 中华人民共和国教育部.义务教育课程方案：2022年版[M].北京：北京师范大学出版社，2022：11.

化等诸多领域遥遥领先于当时的世界，还非常开放与包容，极大促进了民族之间的交流与融合。于是，老师们就围绕"全景盛唐"这个主题，设计了一个跨学科课程①。

这个课程包括唐代饮食研究、唐代服饰研究、唐代诗词曲研究、唐代雕塑研究、唐代古体诗研究、唐代建筑研究等多个子项目。

以其中的"唐代诗词曲研究"为例，这个项目就是让学生借助诗词含义，以及相关词牌的古谱和乐理知识，利用现代信息技术手段"还原"唐代诗词的曲子。要完成这个项目，需要调动学过的语文、历史、音乐、道德与法治、信息技术、美术等多个学科的知识和技能，还会形成许多新的学科交叉内容，极大丰富学生对中国文化的理解和认识（如图4-2所示）。

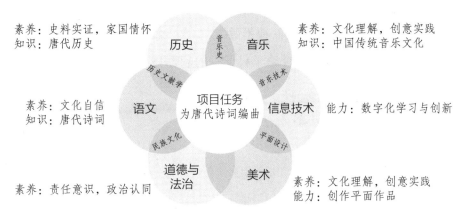

图4-2 "为唐代诗词编曲"跨学科项目任务

这个课程还有一个重要环节，就是无论学生要完成哪个项目，老师都会不断追问这样的问题：是什么造就了盛唐时期的文化繁荣？为什么古代文化元素有些（比如词的文字）流传下来，有些（比如词的

---

① 本案例由林雪松、张宏强等老师设计并实施。

曲调）则失传了？

为什么要追问这些问题呢？

那是因为我们将课程目标设定为培育"文化的理解与传承"这一素养。我们希望通过对这些项目的研究，让学生最终理解下面两个大概念：

- 政治稳定、经济发达、社会风气开放包容是文化繁荣的密码。

- 传承传统文化，需要在继承中不断发展。

这才是唐代留给后人的重要财富和启示，这些项目只是实现对大概念理解的载体而已。

跨学科课程一旦有大概念的统摄，就可以让不同学科的学习内容"粘"在一起，做到"形散而神不散"。

可以说，大概念是设计跨学科课程的利器！

贯通学段的大概念

《义务教育课程方案（2022年版）》中，另一个被广泛讨论的话题是"学段衔接"[1]。

其实，从人的成长来看，无论是身体还是精神的发育，都是一个完整的过程，"衔接教育，是一个不该出现的概念"[2]。但现实情况是，

---

[1] 中华人民共和国教育部.义务教育课程方案：2022年版 [M].北京：北京师范大学出版社，2022：前言 4.

[2] 朱治国.衔接教育：一个不该出现的概念 [J].上海教育科研，2014（5）：40.

各学段之间的确存在学习内容与课程设置的明显差异。这就需要我们寻找学科育人的脉络，将各年级乃至各学段课程有机衔接起来，使学生的发展不因学习阶段的改变被人为割裂开来。

例如，小学和初中语文教材中，有许多以动植物为主题的课文，老师们据此创设了"万物有灵"这个贯通学段的大单元①。但问题是：分布在不同年级教材中的文章区别到底在哪里？难道仅仅是文章长度和所描写的生物种类不同吗？这些生灵都很可爱，对它们的喜爱之情的梯度又在哪里呢？——我们需要寻找这些文章背后情感、观念之间的内在逻辑。

通过细读文本，我们发现这些文章具有共通的价值观。最终我们确定了跨学段的总体大概念：

> • 人与自然万物相互依存，相互联系，尊重、顺应、善待它们，才能共同和谐发展。

正如丰子恺所说："一切众生，本是同根，凡属血气，皆有共感。"②

在这个总体大概念的统领下，我们横纵对比，找出这些文章的区别，进一步概括出每个年级的大概念（如表4-1所示）。

---

① 本案例由蒋鸢春、李铎等老师设计并实施。

② 丰子恺.沙坪小屋的鹅[M]//缘缘堂随笔.北京：人民文学出版社，2018：139.

表4-1 语文"万物有灵"单元不同年级的大概念

总体大概念	年级	主要课文	年级大概念
人与自然万物相互依存，相互联系，尊重、顺应、善待它们，才能共同和谐发展	三年级	《燕子》《荷花》	大自然的生灵们像人一样可爱又富有生趣
	四年级	《猫》《母鸡》《白鹅》	动物像人一样有它鲜明独特、多面统一的特点，理解、尊重、欣赏它们，才能与之成为好朋友
	五年级	《白鹭》《珍珠鸟》	人与生灵有很多相通共感的地方，无论它们多小，都会牵动我们的感情，理解、尊重、善待它们能让我们彼此信赖，创造出和谐美好的相处境界
	七年级	《猫》《动物笑谈》《狼》	人与动物都是大自然的成员，都具有两面性，反思人类自身，则更能理解、尊重动物，善待生命

仔细分析会发现，这些不同年级的大概念是有梯度的。

三年级主要针对动植物的外形、姿态、习性等特点，突出生灵的可爱，是直接的、正面的；四年级需要理解、尊重动物内在的性格或性情，欣赏其优点的同时也要悦纳其缺点，是直接的、辩证的；五年级则从聚焦生灵本身，过渡到聚焦其像人一样的品质和思想，借物喻人，托物言志，是间接的、正面的；到了七年级，就由感性层面上升到理性层面，理性思考人与自然的关系，深刻反思人与动物的互动，是间接的、辩证的。

可见，这些大概念无论在内涵还是思维方式上，都是螺旋式上升的。

又如，我们给贯穿小学、初中和高中的统计学知识提炼了一个总体大概念：

● 统计是基于数据、借助归纳推理进行推断的过程，结果是客观性与随机性的结合。

根据四年级、八年级、九年级和十年级具体的学习内容，我们又进一步提炼了各个年级的大概念（如表4-2所示）。

表4-2　数学"统计"单元不同年级的大概念

总体大概念	年级	主要内容	年级大概念
统计是基于数据、借助归纳推理进行推断的过程，结果是客观性与随机性的结合	四年级	描述性分析 全面调查	统计的研究对象是数据，数据是通过一定的可靠的方法收集起来的
	八年级	推断性分析 抽样调查	分析样本数据有助于估计总体数据结构，从而进行评价、推断与决策
	九年级	推断性分析 用样本估计总体	样本数据获得的途径、方法和数量是影响用样本估计总体的重要因素
	十年级	相关性分析 回归分析 独立性检验	甄别各影响因素的特点并选择使用，可以提高用样本估计总体的准确性

这里，同样体现出了不同年级大概念之间的连续性与进阶性。

只有实现大概念的学段贯通，才能真正实现课程的贯通。从这个意义上看，大概念是打开学段贯通衔接之门的钥匙。

用大概念统领
单元教学

《义务教育课程方案（2022 年版）》提出，要"探索大单元教学，积极开展主题化、项目式学习等综合性教学活动"[①]。

无论在国外还是在国内，单元教学都不是新生事物，但它却随着新一轮的课程改革，再次受到国内教育界的关注和热议。

为何这次课程改革如此关注单元教学呢？

我们知道，本次课程改革的核心是实现从传授知识到培育素养的转型。素养与知识有本质不同，这决定了以传授知识为目的的教学方式并不完全适用于素养的培育。想要培育素养，关键是使知识结构化。没有知识的结构化，素养是无法得到生长的，而单元教学正是实现知识结构化最有效的方式之一。

因此，在培育核心素养的使命下，人们给单元教学注入了新的内涵和意义，使这种教学思想历久弥新，焕发出新的生机和活力。

单元

单元，在日常教学中我们再熟悉不过了，因为许多学科都是把单元作为每册教材的一级目录编写的，它向上连接课程，向下连接课时，处在教学的中观位置。

《辞海》对"教学单元"的解释是："简称'单元'。教材的基本

---

① 中华人民共和国教育部.义务教育课程方案：2022 年版 [M].北京：北京师范大学出版社，2022：14.

单位。即一门学科中性质相同、相近或有内在联系的教材组成的一个相对完整部分。一个单元一般安排在一段时间内连续进行教学。不同教学单元之间既相对独立又相互联系。"①

然而，在素养视角下，单元的内涵需要重新定义。

钟启泉曾说："单元不是碎片化教学内容的堆砌，而是对知识的一种有机的、模块式的组构。"②崔允漷对单元也有一段形象的比喻："单元不是水泥、钢筋、门、窗等建材，而是将各种建材按一定的需求与规范组织起来并供人们住的房子。它是一幢楼的一个部分，是水、电、煤、路等相对独立的建筑单位。"③

从知识切块到素养聚合

在素养视角下，单元不是仅仅在形式上相对完整的一块知识，而是具有素养培育功能的学习内容的集合。因此，构成单元的标准不是知识的远近，而是素养的指向。单元不再只是教学的内容单位，还是为了培育某种素养而设计的、相对独立完整的教育事件。

这种以素养为导向的单元，从构成方式上看大体可分为两类。

一类是以学科知识和技能为依托的"学科单元"。这种学科单元，既可以是教材中的一个自然单元，如八年级下物理"压强"单元、八年级上数学"全等三角形"单元等，也可以是教材中自然单元的整合，如九年级上物理由"简单电路""欧姆定律""电功和电功率"三

---

① 夏征农，辞海编辑委员会.辞海：1999年版缩印本：音序[M].上海：上海辞书出版社，2002：820.

② 钟启泉.学会单元设计[J].新教育，2017（14）：1.

③ 崔允漷.指向学科核心素养的教学即让学科教育"回家"[J].基础教育课程，2019（Z1）：7.

个自然单元整合而成的"电学"单元，数学由"一次函数""二次函数""反比例函数"三个自然单元整合而成的"函数"单元。这种整合有时甚至是跨学科的，如由物理、化学和生物学科特定的相关内容整合而成的"科学探究"单元。

另一类是以生活经验、研究主题为基础的"生活单元"。这类单元历史更为悠久。19世纪末，比利时教育家奥维德·德克乐利（O. Decroly）就曾提出，把课程分为个人与环境两大类，以个人为中心的单元有"营养""居住""防卫""活动"等，以环境为中心的单元有"家庭""学校""社会""动植物"等。现在，许多学科也可以基于文本的主题或话题，来设计这样的单元，如语文或英语基于人文主题的"怀念"单元、"亲情"单元等。

无论哪类，这种单元本质上都是围绕某个核心素养的相关内容，重新组织架构而成的学习单位。

从集中发力到螺旋式上升

单元不仅可以打破内容的边界，还可以打破实施时间的束缚。

素养视角下的单元，不一定要在一段时间内集中实施，可以采用螺旋式上升的形式分阶段实施。例如，低年级跨学科课程"秋天"单元，就可以分别在一年级秋季和二年级秋季各实施一次。但根据学生的认知特点和知识储备，两个年级"秋天"单元教学设计中单元大概念及学习活动都是不一样的（如表5-1所示）。

总之，当我们把单元看作培育素养的基本单位时，就会突破原有的诸多局限，极大丰富其内涵。

表 5-1　不同年级"秋天"单元教学设计

年级	单元名称	单元大概念	学习活动
一年级	秋天到	秋天带给人们收获的喜悦	寻找代表秋天的典型事物
二年级	秋意浓	四季轮回、季节交替，给我们的生存与发展带来物质馈赠和精神给养	办一场以"金秋收获"为主题的活动

单元教学

20 世纪 20 年代，梁启超就曾倡导："不能篇篇文章讲，须一组一组的讲。……拿一组十篇做一比较，令学生知是同一类文，不注重逐字逐句了解，要懂得它的组织。"① 这种倡导被视为我国单元教学的开端。此后，叶圣陶也提出，教材的组织应基于相互联系的单元内容，这与儿童的心理发展规律相适应，更利于系统化地学习知识。②

正是从那时起，按单元编写教科书的传统一直延续至今。所以从广义上讲，我们现在的教学都可以称为单元教学。但由于素养视角下的单元与传统的单元有很大区别，因此，素养视角下的单元教学 ≠ 按教材的单元教学。

传统的单元教学，单元仅仅起到一种分界线的作用，教与学实际上还是以课时为最基本单位开展的。虽然很多教学设计都有对单元的整体描述，但老师们对每一节课该如何设计的思考远远多于对整个单元该如何设计的思考，大家往往更注重每节课学习目标的实现和学习任务的完成。

① 梁启超. 中学以上作文教学法 [M]. 北京：首都经济贸易大学出版社，2012：39.

② 夏丏尊，叶绍钧. 国文百八课 [M]. 北京：人民教育出版社，1985.

这种单元教学就像串珠，单元中的每节课好比一颗颗珠子，都是相对完整和独立的个体，与代表单元的绳子之间没有必然的联系。没有绳子，珠子还是珠子，绳子只是串起这些珠子的一个线索而已。（如图 5-1 所示）

素养视角下的单元教学，单元本身就是实现素养培育目标的基本载体，因此，对单元的整体设计比对每节课的设计重要得多。虽然我们仍然会借助每节课去实施单元教学，但不再刻意追求"一课一得"。因为如果课堂被课时人为割裂开来，缺乏宏观性与联系性，就会使学生拘泥于具体知识，也就很难达到培育素养的目的。

想象一下，在这样的单元教学中，可能某一节课都是学生在自主思考，没有情境导入、课堂小结这些环节，甚至没有教师统一讲授时间；而在另一节课上，或许全程都是教师主导，因为此时需要详细介绍完成单元任务的注意事项和必备知识……总之，只有站在宏观的单元视角上，才会看清每节课的作用。

这种单元教学，更像古代的益智玩具孔明锁，单元中的每节课好比一块块零部件，它们彼此连接，相互咬合，单拿出哪一块看起来都不"规整"，只有拼接在一起，才能成为一个统一协调的整体。（如图 5-1 所示）

图 5-1 串珠与孔明锁——传统的单元教学与素养视角下的单元教学

所以说"单元教学的核心思想是系统思维，即应注意从整体的高度思考研究对象组建学习单元，并将整个单元学习目标的达成作为一个整体性的任务"[①]。

为了与传统的单元教学相区别，这样的单元教学常被称为"大单元教学"或"单元整体教学"。

大概念统领下的单元教学

大概念与大单元教学相互需要

大概念与大单元教学有何关联呢？

一方面，大概念是相对稳定、反映学科本质、有统领性的观点。这决定了它几乎不可能在孤立的课时中实现全面深刻的理解。追求大概念理解的教学，必须依托整合度更高、结构化更强的学习单位，因此，大单元教学就自然成为实现大概念理解的路径选择。

另一方面，大单元教学作为一种整体推进的教学方式，往往持续时间长，内容跨度大。这就需要用大概念加以统领，让原本零散的知识汇聚起来，成为一个有机整体。这样才能使教师跳出孤立的知识点，用学科核心素养锚定具体的教学内容，指向观念的形成。这样的单元教学，也会使学习的知识更具迁移性，从而使当下的知识学习与学生未来的生活和社会实践建立联系，让学生感受到学习的意义和价值。

事实上，基于事实和技能的单元教学与基于大概念的单元教学根本不同。前者好似一个二维的平面，作为事实的知识和技能是铺开状

---

① 章飞，顾继玲.单元教学的核心思想与基本路径[J].数学通报，2019（10）：23.

的，彼此之间缺乏联系而难以聚合在一起；后者更像一个三维的立体模型，大概念提供了事实性知识和技能形成的一般原则，从而使其达到高度结构化。（如图5-2所示）

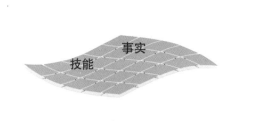

图5-2　基于事实和技能的单元教学与基于大概念的单元教学根本不同 [1]

可见，大概念与大单元教学能够"走到一起"，是一种相互需要。正是大概念与大单元本质上的高度契合，才使得大单元教学成为我们在课程中实现大概念理解的主要手段。

大概念与大单元的对应

关于大概念和大单元的关系，还需要厘清一个问题：一个单元是不是只能提炼一个大概念？

不是这样的。

例如，八年级上地理"湖泊的演化"单元，我们希望落实"综合思维"这个学科核心素养，而综合思维又包括时空综合和要素综合。

于是，从时空综合的视角出发，可以提炼出以下大概念：

---

① 埃里克森，兰宁.以概念为本的课程与教学：培养核心素养的绝佳实践 [M].鲁效孔，译.上海：华东师范大学出版社，2018：18.

- 湖泊等地表事物都会经历"形成—发展—灭亡"的漫长演变过程。

从要素综合的视角出发，可以提炼出以下大概念：

- 湖泊的形成与演化，是地表各要素及人类活动相互作用的结果。

可见，设定的单元素养目标不同，侧重的大概念就会不同。同样，一些重要的大概念也可能会在几个单元中反复呈现。

大概念统领下的单元教学设计流程

为了实现素养培育目标，与传统的单元教学相比，大单元教学提出了更加明确的学习目标，那就是理解大概念。为了实现这个目标，就需要将大概念转化成贯穿整个单元的核心问题。进而，为了帮助学生对核心问题进行深入思考，还要设置单元核心任务和一系列子任务。梳理这一思维过程，就可以构建出大概念统领下的单元教学设计流程（如图5-3所示）。

大单元教学设计的起始环节，是依照课程标准与核心素养确定单元学习目标，并在此基础上提炼学科大概念。这是整个单元教学设计最关键的核心环节。关于学习目标的撰写和大概念的提炼，我们将在接下来的第6讲和第7讲详细论述。

再往下的环节是将大概念转化成核心问题。核心问题是为达成大概念理解所设计的问题。大概念高度凝练，它是教师层面对学科内容内在价值的共识，并不适合直接呈现给学生。所以，需要通过一定的"翻译"，将其转化成学生看得懂、能思考的问题。在实际教学中，核

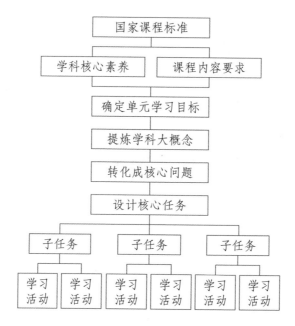

图5-3 大概念统领下的单元教学设计流程

心问题往往是大单元教学过程中最早呈现给学生的内容。

　　将大概念转化成核心问题之后是设计核心任务。核心任务不是传统意义上的习题或作业，而是为理解大概念、回答核心问题而设计的真实情境下的挑战性任务。核心任务贯穿整个单元学习的过程，其达成度是单元学习目标达成程度的重要证据。核心任务之下的子任务，是完成核心任务的脚手架，为学生完成核心任务做好准备和铺垫。

　　以前进行教学设计时，通常首先分析教学内容，再从教学内容出发去设计问题。从图5-3中可以看出，大概念统领下的单元教学设计可以说是"倒置"的，这样的设计也称作"逆向设计"。"逆向设计"一词，最早是由威金斯和麦克泰格提出的。"以终为始"，是大概念统领下的单元教学设计应该秉承的基本思想，具有重要意义。因为它能使教学实施者始终清醒地认识到教学设计的初衷和意义所在，而不至于陷入东拼西凑且与学习目标南辕北辙的活动之中。

总之，大单元教学不仅是形式上的统整，更重要的是紧密联结单元学习内容，指向学科核心素养的培育。大概念是对大单元学习内容结构化思考的集中体现，也是大单元教学设计的出发点和归宿，它是大单元教学设计的魂。

　　概念为"道"，单元为"器"，是落实核心素养的必然选择！

撰写学习目标

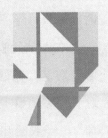

无论是传统的单元教学，还是大单元教学，撰写学习目标永远是一个无法绕过去的环节。有人说，一位优秀的教学工作者应该用很多时间来设计学习目标。

在大单元教学中，是应该先确定学习目标，还是应该先提炼大概念？对这个问题，不同的学者有不同的认识。从广义上讲，理解大概念也可以看作整个单元最上位的学习目标，它是这个单元的"终极使命"，一般的知识与技能目标都是为实现这个终极使命服务的。而从另一个角度讲，学习目标的确定也影响大概念的提炼。事实上，同一个学习内容可以培育的核心素养通常很多，选择哪一个作为单元重点培育的素养，进而提炼单元大概念，也需要参考学习目标。

所以说，学习目标与大概念往往相互影响，彼此交融。

给学习目标分类

知识有不同类型，同一类型的知识还有认知深浅之分。

美国教育学家韦伯（Norman Webb）提出了"知识深度"（Depth of Knowledge）理论。在图 6-1 中，知识被分成"回忆与再现""技能与概念""问题解决与应用""思维迁移与创造"四个层级。韦伯带给我们的重要启示是，既然知识是分层级的，那么学习目标也需要分层分类，区别对待。

第一级
什么是知识

回忆与再现
制作概念图来展示某个过程或描述某个话题；
制作时间轴；
列出关键词；
制作表格；
背诵相关事实；
使用自己的话描述；
制作连环画来展示某一事件、过程或故事的顺序；
编写剧本并表演；
写出事件、过程或故事的大致框架并进行说明；
写出事件的总结性报告

第二级
如何使用知识

技能与概念
划分多个步骤；
构建模型来展示外观或工作方式；
排练戏剧并在课堂上表演；
通过制作立体模型来说明事件；
撰写日记/博客文章；
制作关于该学习领域的剪贴簿；
制作地形图；
制作关于该主题的拼图或游戏；
为他人撰写该主题的说明；
常规应用任务（即将一套简单的规则或流程方案普遍应用于实验室场景中）；
开展更复杂的识别任务，包括识别以不同方式呈现的概念和过程；
开展更复杂的计算任务

第三级
为什么使用知识

问题解决与应用
使用逻辑图展示两个主题的异同；
设计一份问卷来收集信息；
调查同学/业内人士对特定话题的看法；
对书中人物的行为进行分类；
准备一份某研究领域的报告；
给编辑写一份产品鉴定书；
准备并开展一次辩论；
准备一份用于评价的标准清单；
写一篇表达赞成或反对……的劝说性演讲；
做一本你认为最重要的五条规则小册子来说服别人；
组成一个小组讨论关于……的观点；
准备一个案例来展示你的关于……的观点；
在真实环境中，当面临大量不关联信息时，必须对信息进行分类整理，开展信息识别任务；
解决含有多个步骤的复杂计算问题

第四级
还能用知识做些什么

思维迁移与创造
灵活应用信息解决新情境下的不良结构问题；
开展写作或研究性任务，其中需要学生提出假设并进行长时间的探究来验证假设；
在学生完成任务期间，不断提供新信息，让学生利用这些新信息作出多项战略/程序性决策以完成任务；
开展需通过换位思考以及团队合作完成的任务；
开展写作任务，着重训练学生的说服能力；
设计一种实施路径来……；
为一家新餐厅研发菜单，要求使用多种健康食材；
推销一个想法；
为一个新产品编写一首广告短歌；
开展实习活动，学生们将在活动中面对各种现实中难以预测的问题

图 6-1　韦伯知识深度理论 [1]

———————
① 由笔者据相关资料翻译。

说到对目标进行分类，无法绕过的一位学者便是大名鼎鼎的本杰明·布卢姆（Benjamin Bloom）。他在 1956 年出版的《教育目标分类学：第一分册 认识领域》中，将目标分为知识、领会、运用、分析、综合与评价六个层次，并对每个层次的含义做了较为全面的分析与阐述。布卢姆的分类学在理论和实践层面，都产生了深远影响。

在布卢姆研究的基础上，安德森（Lorin Anderson）等人进行了反思、补充和修订（如表 6-1 所示），并于 2001 年出版了《学习、教学和评估的分类学：布卢姆教育目标分类学修订版》，引起很大反响。

表 6-1　安德森等人修订的教育目标分类[①]

知识维度	认知过程维度					
	1. 记忆	2. 理解	3. 运用	4. 分析	5. 评价	6. 创造
A. 事实性知识						
B. 概念性知识						
C. 程序性知识						
D. 反省认知知识						

与布卢姆不同的是，安德森等人的分类表将知识维度与认知过程维度结合起来，形成了一个二维结构。

有些知识是相对孤立的事实或信息，基本上靠记忆就可以复述出来，称为事实性知识。它们通常比较具体明确，彼此间缺乏联系，抽象程度较低。当然，它们也是学生学习一门学科必须了解的基本要素。

与事实性知识不同，概念性知识更为复杂和抽象，揭示了多个事

① 安德森，等. 学习、教学和评估的分类学：布卢姆教育目标分类学修订版 [M]. 皮连生，主译. 上海：华东师范大学出版社，2008：25.

实性知识之间的联系。同时，概念性知识具有迁移性，在理解概念性知识后，就叫以运用它去解决新情境下的新问题。

告诉我们"怎么做"的知识称为程序性知识，包括算法的知识、技术和方法的知识以及决定何时运用适当程序的标准的知识，等等。

反省认知知识也称为元认知知识，通常是指一般性的认知知识以及关于自我认知的意识和知识。可进一步细分为策略性知识、关于认知任务的知识与自我知识。

可以看出，安德森等人实际上是将韦伯的"知识深度"理论与布卢姆的"认知目标分类"有机整合在一起，进行了一定的优化。

美国学者马扎诺（Robert Marzano）和肯德尔（John Kendall）在《教育目标的新分类学》一书中，对安德森等人的目标分类表进一步做了修正，同时形成了一个二维模型（如图6-2所示）[①]。

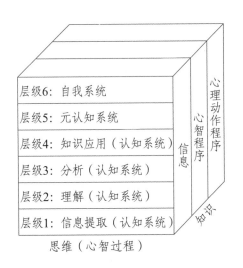

图6-2 马扎诺和肯德尔的教育目标的新分类法

① 马扎诺，肯德尔.教育目标的新分类学：第2版[M].高凌飚，吴有昌，苏峻，译.2版.北京：教育科学出版社，2020：14.

马扎诺和肯德尔的这个模型可以说是前人研究的集大成者，它将认知过程维度包含在学习行为中，"还原了现实世界中解决问题的素养结构"[1]。

确定学习目标

如何将以上理论运用于单元学习目标的设计呢？

威金斯和麦克泰格提出了一个"以终为始"的单元教学设计模板（如表6-2所示，略有删减）[2]。在这个单元教学设计模板中，学习目标的确定与传统教学相比是倒置的，即先确定高阶目标，再确定低阶目标。这些目标从高到低依次为学习迁移—理解意义—掌握知识和技能。这能使老师们始终清醒地认识到教学设计的初衷和意义所在，而不至于陷入东拼西凑且与学习目标南辕北辙的活动之中。

表6-2　基于理解的单元教学设计模板

阶段一：明确预期学习结果		
课程标准	学习迁移	
本单元要达到的内容标准和任务目标是哪些？	学生能自主地将所学运用到……	
	理解意义	
	深入持久理解	核心问题
本单元要发展的思维习惯和跨学科的目标是哪些？	学生将会理解……	学生将不断地思考……
	掌握知能	
	学生该掌握的知识是……	学生应形成的技能是……

---

① 刘徽.大概念教学：素养导向的单元整体设计 [M].北京：教育科学出版社，2022：130.

② 威金斯，麦克泰.理解为先模式：单元教学设计指南：一 [M].盛群力，沈祖芸，柳丰，等，译.福州：福建教育出版社，2018：18.

这种设计思路，可以帮助我们在大概念和具体的学习目标之间有效地进行关联与切换，使学习目标的设计不偏离"素养的航线"。

结合上述目标分类理论，借助威金斯和麦克泰格的单元教学设计模板，我们可以设计单元学习目标设计工具（如表 6-3 所示）。

表 6-3　单元学习目标设计工具

目标类型	目标描述	知识维度*	认知维度**
迁移性目标			
理解性目标			
知能性目标			

注：*A.事实性知识；B.概念性知识；C.程序性知识；D.元认知系统与自我系统

　　**1.记忆；2.理解；3.运用；4.分析与评价；5.创造

例如，七年级上生物学"被子植物的一生"单元，我们确定的学习目标如表 6-4 所示。

表 6-4　生物学"被子植物的一生"单元学习目标[①]

目标类型	目标描述	知识维度	认知维度
迁移性目标	通过学习，能够在日常生活中科学地种植和养护植物	D	5
理解性目标	1.通过实验和探究，能够理解绿色开花植物一生要经历种子萌发、生长、开花、结果与死亡这五段生命历程，每一段生命历程都离不开适宜的环境，同时也是它适应环境的过程	B	4

---

① 该案例改编自叶翠、杨清等老师的设计。

目标类型	目标描述	知识维度	认知维度
	2.通过分析与讨论，能够理解植物各器官的结构与功能是相适应的	B	4
	3.通过阅读材料和观察实验，能够理解植物各生命周期需要一定的物质和能量，以维持机体的稳定与平衡	B	4
知能性目标	1.借助实验，能够描述种子萌发的条件和过程、芽的发育和根的生长过程、开花和结果的过程	C	3
	2.通过对比实验，能够知道绿色植物的生存需要水和无机盐	A	1
	3.通过观察分析，能够阐述绿色植物的蒸腾作用	B	2
	4.通过观察分析，能够阐述绿色植物的光合作用，并举例说明光合作用原理在生产中的应用	B	4
	5.通过观察分析，能够阐述绿色植物的呼吸作用，并举例说明呼吸作用原理在生产中的应用	B	4
	6.通过具体实例，能够说明绿色植物为许多生物提供了物质和能量，有助于维持生物圈的碳氧平衡，以及绿色植物在生物圈水循环中的作用	D	4

撰写学习目标

确定单元学习目标后，应该怎么表述这些目标呢？我们需要一个撰写单元学习目标的基本范式。

以前，我们总觉得只有教师才有必要了解目标，学生只要跟着教师学习就行了，所以那时"学习目标"一般称为"教学目标"。而现在我们认识到，学生是学习的主体，教师是学生学习的促进者，因此师生应该共同明确目标，这才是真正意义上的"学习目标"。

学习目标既然面向学生，就要清晰、适切——清楚、具体、可操作性强，符合学生的实际情况。例如，"能说明机械能和其他形式的能的转化"这个目标表述中，"说明"还可以细化为"用语言、图表或实验演示说明"，而"其他形式的能"也可以进一步明确为"电能、热能、光能或化学能"。

我国的课程标准以及我们在日常教学中，并没有对学习目标的句型结构做出明确的规范，有些学者在汇总各学科课程标准后，将学习目标的句型结构由简到繁归纳为四种形式 ①。

最简单的是谓语动词加核心名词的结构，如"能够识别遗传与变异的现象""能够理解绿色植物的光合作用及其重要意义"。

复杂一点儿的是，在此基础上，增加描述表现水平的形容词、副词以表达具体程度，如"能够认识常用汉字 1800 个""能够制作简单的彩塑及脸谱"。

再复杂一些的是，在以上结构之前，增加一个达成目标的条件，如"通过对实际问题的分析，能够体会二次函数的意义""以某区域为例，能够说明我国西部开发的地理条件以及保护生态环境的重要性"。

更复杂的是，在上面这些内容之后，增加一个发展学生素养的语句，如"能够列举我国和本地区水资源状况与水污染的主要原因，增强节约用水的意识和防止水污染的责任感""能够理解身体健康在学习、生活中的重要意义，树立良好的健康意识"。

---

① 朱伟强，崔允漷.关于内容标准的分解策略和方法 [J].课程·教材·教法，2011（10）：24-29.

以上四种形式，最后一种最完整，最全面。因此，一个清晰、适切的学习目标应该由行为主体、行为表现、行为条件和表现程度四个部分构成（如图6-3所示）。

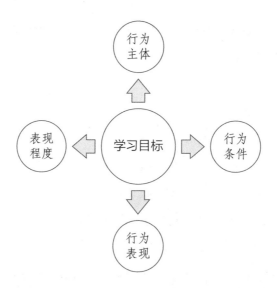

图6-3　学习目标的四个构成部分

学习目标行为主体一定是学生，有时可以省略主语，通常以"能解释""能写出""能设计"等开头。

行为条件是指学生完成学习目标的特定限制条件，包括对使用范围的限制、对辅助手段的描述、对行为情境的要求等，比如"运用这个定理""通过实验""借助所给材料"等。

行为表现是指学生在学习过程中需要学习的内容或需要完成的任务。因此，在描述行为表现时，要清晰地给出学习行为或动作，比如"列举""区分""撰写""辨别""比较""绘制"等。

表现程度是指学生经过学习所能达成的学习目标的最低表现水平，主要用来评估学生的学习结果达到了什么程度，比如"准确地……""在五分钟内说出……的三层含义""至少提出两种解决方案"等。

下面，我们来看一个道德与法治学科的例子[①]：

我将通过对比和讨论不同国家与地区公共场所的规则，能够比较准确地口头表达出规则的作用，表述通顺流畅，且需要提到"减少纠纷""提升效率""降低伤害"三个方面。

"我"指明了行为主体，"通过对比和讨论不同国家与地区公共场所的规则"是行为条件，"能够比较准确地口头表达出规则的作用"是行为表现，"表述通顺流畅，且需要提到'减少纠纷''提升效率''降低伤害'三个方面"就是表现程度。

类似地，七年级上生物学"细胞分裂"单元的两条学习目标可以这样表述：

1. 通过分析和讨论，能够举例说明细胞不断从周围环境吸收营养物质并转化为组成自身的物质，细胞体积会由小变大。

2. 利用所给资料，能够有逻辑地合理推断出细胞核是细胞的控制中心。

八年级上物理"重力"单元的两条学习目标可以这样表述：

1. 通过分析具体情境，能准确说出地球附近的物体所受重力的施力物体、作用点和方向。

---

① 该案例由张丽君老师设计。

2.利用实验材料，会用弹簧测力计规范、准确地测量并记录物体所受的重力。

最后，需要指出的是，设计单元学习目标不是孤立的事情，需要结合课程标准、教材文本、学情，并思考这一单元可能涉及的大概念。虽然有些时候大概念需要基于学习目标而确定，但总的来说，两者是相辅相成的，需要系统思考和整体统筹。统整性的学习目标能为大单元教学和评估提供依据与方向。

| 第 7 讲 |

提炼大概念

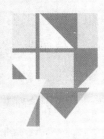

如何提炼大概念？

当我们冥思苦想单元大概念应该是什么时，不如换个角度，先想想下面的问题：

假如学生在学完这个单元后，把具体的知识都忘了，那么我们希望他的脑海中，还能留下什么？

知识全都忘了，这个学科不就等于白学了吗？

其实，我们在学校里学到的知识，在走出校门后能够直接用到的少之又少。就像我们经常开玩笑说的，小学数学已经够日常算账、购物和理财了，学那些高深的数学知识有什么用呢？然而，数学是思维的体操，学习数学锻炼的是学习者的思维。一个数学思维品质好的人，思考问题时往往更加理性，更有逻辑，也更富条理，他会不自觉地去寻找支撑某个观点的依据，去分析一个现象背后的规律，去思考两个事物之间的关系……而这些思维习惯是一个现代公民必备的基本素养，与记住多少数学知识无关。

同样，历史事件发生的年代、地形地貌的特征、各种生物的习性，需要时都可以方便获得。然而，通过学习相关学科体会到的社会组织兴衰的内在规律、自然条件对人类生活的影响、功能是不断适应环境的结果等道理，却不会因为具体知识的遗忘而遗忘，它们才是学习这些学科后真正应该留下来的。领会了这些道理后，站在更高的视角掌握其他知识，也就变得更容易了。

可以脱离具体知识，且能统领知识，正是大概念的价值所在。

所以，如果用一句话概括提炼大概念的方法，那就是"滤掉具体知识还剩什么"。

所有学科都能提炼大概念吗

对提炼大概念，不同学科的老师有不同的看法。

一方面，文科老师会说，理科提炼大概念具有"先天优势"，因为理科通常有清晰严谨的结构和相对稳定的结论。换句话说，这些学科有许多"放之学科而皆准的真理"。这就为提炼大概念奠定了基础。

我们在第 1 讲曾介绍过大概念的发展史，无论国外还是国内，在大概念的梳理和实践方面，数学与科技领域做得确实相对超前。但这并不代表理科提炼大概念是件容易的事。越是有"真理"存在的学科，提炼大概念就越要求科学性、严谨性和深刻性。如果这些学科只提炼一些通识性的结论，而没有说到点子上或骨子里，大概念便会失去应有的意义，也就无法引领学生进行深度思考，获得超越具体知识的理解。

比如，在生物学中，如果只将"生物体的基本组成单位是细胞"这句话作为大概念，就显得很逊色，因为它只是一个众所周知的学科事实。其实，生物学家将细胞定义为"生物体的基本组成单位"，并不是因为细胞小得不能再分了（细胞里还有细胞核、细胞质、细胞液等很多组织），而是因为细胞是能够独立完成生命活动的最小系统。它既是代谢的基本单位，也是生长发育的基本单位，还是遗传的基本单位（具有遗传的全能性），所以会有草履虫这样的单细胞生物存在。如果将细胞再分解，这些功能就都不存在了。因此，将相应的大概念表述为**"细胞是生物体结构与生命活动的基本单位"**，就深刻而确切得多。

另一方面，理科老师会说，文科提炼大概念似乎更容易，因为人文学科的结论常常是"公说公有理，婆说婆有理"，"一千个读者就有一千个哈姆雷特"嘛。既然没有所谓"真理"的存在，就可以放开手脚，想要学生领悟什么就提炼什么，主观色彩很强。然而，看似高度自由，却正是文科提炼大概念的痛处。由于没有理科那样的逻辑和结论，文科各单元的大概念如何做到一致性、系统化和结构化，都是重大挑战。

以义务教育语文学科为例，由于单元大都是语文要素和人文主题"双线组元"，这就要求从两个维度提炼大概念。例如，五年级上由课文《白鹭》《珍珠鸟》《落花生》《桂花雨》组成的大单元，就可以概括出以下两个大概念：

- **语文要素**：通过细节描写能够以小见大，表现常见事物的美。

- **人文主题**：人们对客观事物的描写往往寄托着对过往的人或物的思念。

再以历史学科为例，由于教材主要是以时间顺序展开的，而每个时期都会涉及政治、经济、文化等方面，其中的内在规律往往是一致的，这就使得有些大概念会在不同的单元反复出现，需要通过多个历史时期的对比才能获得理解。例如，**"我国封建社会的中央集权与君主专制是逐渐加强的"**这个大概念，就需要纵观从秦到清的所有封建王朝才能深刻领悟。

我们不得不承认，不同学科提炼大概念的出发点和路径的确不一样，甚至大相径庭，提炼的难度也不一样。但可以肯定的是，所有学科都有提炼大概念的必要性与可行性。

提炼的路径和视角

提炼的路径

提炼大概念，主要可以分为自上而下和自下而上两个路径。

所谓"自上而下"，是指从学科核心素养出发，在对其内涵和外延全面解读与分析的基础上，对其进行维度分解，尝试抽离出表达这些维度观点的语句，逐步形成大概念，再去寻找支撑这一大概念的学习内容。

例如，地理核心素养中有一个是"人地协调观"，它是指"人们对人类活动与地理环境之间的关系秉持的正确价值观"[1]。人地协调观可以进一步分为"环境观""资源观""人口观"和"发展观"，我们可以在每个二级子观念下，进一步提炼出一系列大概念（如图7-1所示）。

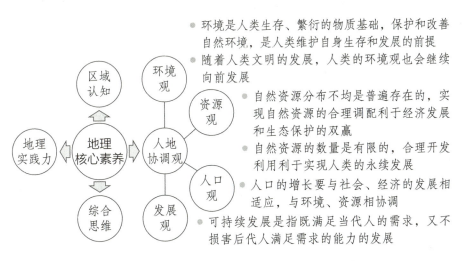

图7-1　地理核心素养的分解与大概念的提炼

---

① 中华人民共和国教育部.义务教育地理课程标准：2022年版[M].北京：北京师范大学出版社，2022：4.

所谓"自下而上"，是指从学习内容出发，思考学习内容背后真正的育人价值和学科思想方法，进一步概括提炼出大概念，再与学科核心素养的表述相呼应。

例如，小学数学有一个单元是"字母表示数"，主要学习如何用含有字母的代数式来表达现实生活中的数量关系。

数学中为什么会用到英文字母呢？

我们知道，数学并非现实世界中的客观存在，它是人类思维的产物。人们从具体事物中抽象出数字，摆脱了实际情境的束缚，以适用于更大的范围。例如，数字"1"不仅可以代表"一匹马"，还可以代表"一只羊""一个人"等。借助符号来表示数字，在表示数量关系时就更具一般性。例如，从算式"1+2=2+1""3+4=4+3"中抽象出等式"$a+b=b+a$"，就可以反映加法运算的一般规律：交换加数的位置，和不变。

据此，我们可以提炼出**"引入符号使数学具有更强的普适性"**这个大概念。

同时，数学核心素养在小学阶段的一个具体表现叫作"符号意识"，课程标准对其内涵进行了解读，其中之一是："知道用符号表达的运算规律和推理结论具有一般性。"[①]上面的大概念与这个内涵恰好相呼应。当然，符号意识的内涵相当丰富，这个内涵只是其中一个方面。

虽然大概念的提炼路径有"自上而下"和"自下而上"之分，但在教学实践中，两种路径往往是相互结合的。因为只有"上下关联"，才能真正打通"核心素养—大概念—学习内容"这条路。

---

① 中华人民共和国教育部.义务教育数学课程标准：2022 年版 [M].北京：北京师范大学出版社，2022：8.

提炼的视角

提炼大概念的视角也有两个：一是认识论的角度，二是方法论的角度。

从认识论的角度看，大概念可以是对学科本质的揭示或者对学习内容的学科价值的描述。比如：

- 任何历史事件都是在特定的时间和空间中发生的。

- 在身体允许的范围内最大限度收缩起来的肌肉会产生更多力量。

这两个大概念是对学科本质特征的陈述。

又如：

- 科学探究是获取与应用科学知识、认识客观世界的重要途径。

- 学会从地图中获取信息，可以帮助人们分析生产生活中的问题，并寻找解决方法。

这两个大概念是对学习内容在学科发展和应用中重要价值的描述。

当然，两者是相通的。

从方法论的角度看，大概念可以是对学科学习方法与思想方法的总结。比如：

- 孤证不立，能够找到多重证据相互印证的历史更为可信。

- 文学作品中的人物精神是通过典型事件和细节刻画展现的。

以上两个大概念，分别是对史料考证原则、写作方法与技巧的总结和归纳。

提炼的方法和策略

提炼大概念的方法和策略有很多，根据来源大体有以下几种：从课程标准中提炼、从教材文本中提炼、从学科概念中提炼、从学习目标中提炼、从相关文献中提炼。

从课程标准中提炼

课程标准的权威性和指导性无须多谈，其高度凝练和专业的语言特点，也很符合大概念的表述要求，所以它自然成为提炼大概念的重要来源。

首先，课程标准对学科性质的定位，从宏观上揭示了学科的研究对象，对具体单元大概念的提炼也起到重要的指导作用。例如，"数学是研究数量关系和空间形式的科学"[①]，这说明数学的研究对象是数量关系和空间形式两大类。我们在提炼单元大概念时，就可以从"如何理解和表示数量关系""如何理解和表示空间形式"以及"数量关系和空间形式如何相互转化"三个维度去思考。比如，结合所学内容，七年级下"平行线与相交线"单元的大概念就可以确定为"**图形之间的位置关系可以通过数量进行刻画**"。

其次，可以从课程标准中"课程目标"部分对核心素养的解读中

---

① 中华人民共和国教育部. 义务教育数学课程标准：2022 年版 [M]. 北京：北京师范大学出版社，2022：1.

提炼大概念。例如，化学课程标准对"化学观念"这一核心素养的解读中，就有这样的表述——"物质是由分子、原子构成的，物质结构决定性质，物质性质决定用途"[①]"化学变化有新物质生成，其本质是原子的重新组合，且伴随着能量变化"[②]。这些体现学科本质的陈述句，就可以直接作为相应单元的大概念。

最后，还可以从课程标准中"课程目标""内容要求"和"学业质量描述"部分提炼大概念。例如，"认识中国共产党在国家独立、人民解放、国家富强、民族复兴进程中的领导作用"[③]是道德与法治学科的学段目标之一，从中就可以提炼出"中国共产党领导是中国特色社会主义最本质的特征，是中国特色社会主义制度的最大优势"这一大概念。

从教材文本中提炼

教材是我们在日常教学中最重要的参考，也是提炼大概念的重要来源。但从教材文本中提炼大概念时，切忌眉毛胡子一把抓，单元的一头一尾往往需要重点关注。

很多教材单元的起始位置有"导语"，导语会简明扼要地介绍本单元的主要内容，或提出引发思考的问题。这可以为我们提炼大概念提供重要借鉴。

比如，九年级下道德与法治"我们共同的世界"单元开篇，有这

[①②] 中华人民共和国教育部.义务教育化学课程标准：2022 年版 [M].北京：北京师范大学出版社，2022：5-6.

[③] 中华人民共和国教育部.义务教育道德与法治课程标准：2022 年版 [M].北京：北京师范大学出版社，2022：11.

样的导语①：

我们生活在同一个世界，

这是我们共同的家园。

世界很大，世界又很小；

这里有安宁和美好，也有战乱与纷争。

有人说，这是一个多姿多彩的世界，充满活力，充满机会；

有人说，这是一个瞬息万变的世界，难以捉摸，难以把握。

我们如何认识这个纷繁复杂的世界？如何认识这个风云变幻的时代？这个时代又赋予我们怎样的使命？

根据这一导语，就可以提炼出以下大概念：

● **人类的命运彼此相依，相互信任、包容互惠、一致行动、共同担当，构建人类命运共同体，是世界各国解决全球性问题的必然选择。**

有的教材单元结束时有"小结"。与导语不同的是，小结一般不只总结本单元学习内容，还会提炼学习方法和学科思想。这同样是提炼大概念时应该重点阅读与分析的。

比如，九年级下数学"锐角三角函数"单元结尾，有这样一段小结②：

① 教育部.义务教育教科书：道德与法治：九年级下册 [M].北京：人民教育出版社，2018：1.

② 人民教育出版社课程教材研究所中学数学课程教材研究开发中心.义务教育教科书：数学：九年级下册 [M].北京：人民教育出版社，2014：83.

一个直角三角形可以由它的三条边和两个锐角这五个元素中的两个（其中至少有一个是边）唯一确定.有了锐角三角函数知识，结合直角三角形的两个锐角互余及勾股定理，就可由这两个元素的大小求出其他元素的大小，这就是解直角三角形.由此可见，关注各部分内容之间的联系，对我们更深入地理解相关知识，提高灵活应用知识的能力等都很有帮助。

根据这段小结，就可以提炼出以下大概念：

● 组成几何图形的基本元素不是孤立的，它们之间相互联系，相互制约。

有时也可以从教材的具体内容中提炼大概念，但往往需要进行归纳和概括。

例如，五年级上科学"计时工具的发展"单元，其内容简述如下：

文明越发达，人类对时间的管理要求越高。人类远祖最早从天明天暗感知到时间的流逝，在木棍或骨头上刻标记来计时。大约六千年前，第一个"时钟"——日晷诞生，它利用太阳照射到的物体的影子的长短和方位变化测定时间。接着人类又发明了水漏和沙漏这种漏刻计时器，从而摆脱了天气条件对计时的影响。1350年，德国发明第一只机械钟表，由于其体型庞大，只能放在固定位置。16世纪，世界上第一只怀表诞生，看时间成了很轻松的动作。"一战"期间，士兵为了看表方便，把怀表绑在手腕上。瑞士的一个钟表匠从中受到启发，制造出一种体积更小的表，并在表的两边装上皮质或金属表带，从此手表诞生了。1969 年，日本发现可以将石英晶体制成音叉用到钟表里，世界上第一只石英表由此诞生。石英晶体的应用使得手表可以大量生产，价格也随之下降。如今，内置智能化系统和网络的智能手表已普及，手表的功能也得到大大拓展。现在，高精度的原子钟已达到 37 亿年误差不超过 1 秒，这标志着人类的科技文明在历史中不断进阶。

通过阅读以上内容，可以概括出以下大概念：

- **工具发展的动力，来自科学技术的进步和人们在特定情境中的需求。**

从学科知识概念中提炼

大概念并非学科知识概念。然而，知识概念的定义中往往蕴含着提炼大概念的重要信息，寻找一些知识概念之间的内在联系或逻辑，进行提升和提炼，就可以产生大概念。

例如，六年级上道德与法治有"公民权利与公民义务""政府的职能""人民代表大会制度"等一系列学科知识概念，对这些概念的内涵与成因进行对比和分析，就能得出以下大概念：

- **我国的国家性质决定了我国的政治生活。**

又如，七年级地理有"人口""纬度""位置""地形"等重要的学科知识概念，将这些概念关联起来，就可以总结出以下大概念：

- 人口分布是自然条件，政治、经济、社会发展等多种因素共同作用的结果，同时也对这些因素产生影响。

从学习目标中提炼

与学科知识概念一样，学习目标虽然也不能直接作为大概念，但往往隐含着大概念的"影子"。

例如，八年级下历史"新中国的外交"单元有以下学习目标：

1. 能够列举新中国外交三个阶段的相应政策及其相应成就。
2. 结合和平共处五项原则的内容，能够理解其对处理国际关系的意义。
3. 能够理解"求同存异"方针对万隆会议的作用。
4. 能够感受外交政策带来的中国国际地位的提高。

新中国外交走过了七十多年的光辉历程，中国共产党依据不同时期国际环境的变化，及时调整外交政策。那么，为什么会在不同时期采取不同的外交政策呢？

新中国成立之初，以美国为首的一些国家对新中国采取经济、外交和军事的封锁与包围，同时二战后社会主义阵营空前壮大，许多亚非拉国家也走上独立之路，因此，我国坚定地站在社会主义阵营，提出"和平共处五项原则"与"求同存异"的方针。

20 世纪 60 年代，国际形势分化动荡，苏联推行霸权主义，中苏关系急剧恶化，美国继续推行敌视中国的政策。为捍卫国家主权，我国提出"两个拳头出击"的方针。

20 世纪 70 年代，我国的外交方针主要是"一条线，一大片"，并提出"三个世界"的概念，中国在联合国的合法席位得到恢复，中美、中日实现邦交正常化。苏美争霸呈现苏攻美守的态势，美国为了集中力量应对挑战，寻求同中国接近。苏联则进一步对中国施加压力，加强军事部署。亚非拉国家成为反帝、反殖和反霸的主力军。

20 世纪 80 年代至今，我国实行"无敌国外交"，坚持奉行独立自主的和平外交政策，不结盟，全面对外开放。

据此，可以得到下面的大概念：

● **根据时局变化使国家利益最大化，是各国制定外交政策的根本出发点。**

从相关文献中提炼

一些学科图书等文献中的观点，特别是古今中外知名学者对学科发展历史和思想方法的论述，往往体现了专家思维，也是提炼大概念的有效来源。

例如，著名学者王国维在《人间词话删稿》中有"一切景语，皆情语也"[①]的观点。也就是说，作家写景往往是为了抒情，描写景物的景语往往饱含作家创作时的情感诉求，从周敦颐的《爱莲说》到茅盾的《白杨礼赞》皆是如此。将这一观点与单元文体相结合，就不难得出下面的大概念：

① 王国维.人间词话删稿 [M] // 人间词话.徐调孚，周振甫，注.王仲闻，校订.北京：人民文学出版社，2018：40.

- 散文中描写的事物是作家寄托自身情感和态度的载体。

又如，意大利哲学家、历史学家贝奈戴托·克罗齐（B. Croce）曾说："一切历史都是当代史。"①

一方面，任何时代的人感兴趣的都是与当时的现实高度相关的历史，所以人们研究历史的意识来自当代。另一方面，不同时期的人面临的现实问题不一样，思想观念和价值观也大相径庭，所以对同一段历史的看法会有所不同。由此，可以提炼出下面的大概念：

- 人们对历史的看法会受到当代意识和价值观的影响，并从历史事件中获得对今日世界的评价、解释或预判。

再如，我国著名数学家华罗庚曾说："数缺形时少直观，形少数时难入微；数形结合百般好，隔离分家万事休。"

华先生用通俗押韵的语言，形象地说明了数学的两个基本研究对象——数量关系与空间形式相互联系、相互转化的关系。将这句话蕴含的数学思想迁移到函数研究中，就可以得到下面的大概念：

- 图象可以帮助我们更直观地理解函数的性质，其本质是点的位置与数对的对应关系。

---

① 克罗齐.历史学的理论和实际 [M].傅任敢，译.北京：商务印书馆，1982：2.

|第 8 讲|

结识核心问题

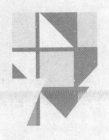

这是一节数学课，课题是"小数的初步认识"。当课堂接近尾声时，授课老师问了一个问题："同学们，你们还有什么想问的吗？"

谁料，这"象征性"的一问还真引来了一位"认真"的学生，他站起来问道："老师，我们都学过分数了，为什么还要学习小数？"

一石激起千层浪。好在下课铃救场一般地响了起来，授课老师赶紧"镇定"地说："这位同学提了一个好问题，希望下课后大家都想一想。"

这确实是一个好问题！

它好在我们平时不太会去想，但一旦有人提出来，就觉得切中了要害，其背后似乎隐藏着一个关键的学科秘密。

它好在当我们看到它时，似乎有很多话要说，可一时又不知从何说起。它并不那么好回答。

这，就是核心问题的雏形。

大概念的"谜面"

我们的课堂从来都不缺少问题，如何在课堂上提出好问题，一直是教学研究的一个重要话题。然而，这里所说的核心问题，与日常教学中的课堂提问完全不同。

在大单元教学设计中，精心提炼出大概念后，我们就会面临一个棘手的问题：深刻而凝练的大概念如何很好地让学生理解呢？

我们知道，大概念是各领域的专家思维，体现了深刻的学科本质，必定是高度专业而凝练的。因此，它只能面向教师，无法直接呈现给学生，对它的理解需要整个单元的学习内容作为支撑。如果没有持续的引导和刺激，学生就很容易陷入琐碎的知识与技能中，而忽略对大概念的思考。

显然，用传统的教学方法把大概念当作知识点去讲解，并不能起到让学生理解的作用。而且，这样做也违背了大概念的素养属性。素养应该是学生在学习过程中，通过经历和体验，在头脑中自觉地感悟、内化和沉淀下来的东西。所以，传授从来就不是获得大概念理解的正确途径。

那么，如何解决这个问题呢？

"教师需要创设并组织相应学习活动。这些学习活动需要学生通过问题解决的方式来进行。这是因为大观念的理解与运用本身就需要在问题探究中落实。"①

所以，我们需要将大概念转化成核心问题。

例如，数学"字母表示数"单元，我们曾提炼过大概念"**引入符号使数学具有更强的普适性**"，可以将其转化成以下核心问题：

数学中为什么会用到字母？字母都能表示什么？

又如，语文"散文"单元，我们曾提炼过大概念"**散文中描写的事物是作家寄托自身情感和态度的载体**"，可以将其转化成以下核心问题：

① 邵朝友，崔允漷.指向核心素养的教学方案设计：大观念的视角 [J].全球教育展望，2017（6）：14.

散文中描写的事物，为什么不像科普类文章中的那么追求科学客观？

大概念不能直接呈现给学生，而核心问题则可以在单元学习开启之初就提出来。通过核心问题这个"入口"进入，学生可以探究单元中的关键知识、概念和理论，掌握理解大概念所需的各种技能，并在整个单元学习过程中不断思考和回答核心问题。这样，学生就能在核心问题的引导下，有意识地进行归纳和反思，形成自己的观点，最终获得对大概念的感悟和理解。

通过上面的例子可以看出，大概念和核心问题，就像谜底（大概念）和谜面（核心问题）的关系。我们对核心问题预设的"理想答案"，其实就是大概念。所以，核心问题也可以看作对大概念的一种设问。

威金斯和麦克泰格将核心问题比作大概念的"航标"："最好的问题是指向和突出大概念的。它们像一条过道，通过它们，学习者可以探索内容中或许仍未被理解的关键概念、主题、理论、问题，在借助启发性问题主动探索内容的过程中加深自己的理解。"[1] 因此，在他们给出的教学设计模板中，大概念和核心问题都是一起出现的。

核心问题的特征

核心问题既然不是一个普通的问题，那么它应该具有怎样的特征呢？

可以用图 8-1 将核心问题的主要特征简要表示出来。

---

① 威金斯，麦克泰格.追求理解的教学设计：第二版 [M].闫寒冰，宋雪莲，赖平，译.上海：华东师范大学出版社，2017：121.

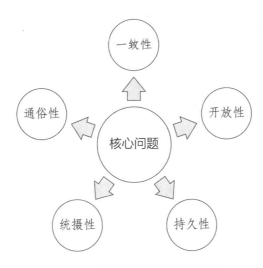

图 8-1　核心问题的主要特征

一致性

核心问题与大概念必须具有一致性，这是核心问题最基本也是最重要的特征。

我们可以将大概念与核心问题理解成一枚硬币的两面，一面指向教师，另一面指向学生。既然是同一枚硬币，两者就应该保持高度一致，不能大概念表达的是一个意思，而核心问题所问的则是另一个意思。如果这样，学生无论如何努力思考核心问题，也不可能获得对大概念的理解，甚至可能会南辕北辙。

例如，小学低年级语文某个单元提炼的大概念如下：

● **读懂一篇文章的关键是读懂其中的长句子。**

而转化成的核心问题如下：

如何读懂长句子？

两者看起来好像都指向"读懂长句子"，但分析后就会看出，这个核心问题的答案并不是前面的大概念。大概念总结的是读懂课文的方法，读懂长句子是作为读懂课文的一个策略出现的。而这个核心问题则是在问，读懂长句子的方法是什么。两者大相径庭。

至于是应该修正提炼的大概念，还是重新设计核心问题，则需要依据单元学习目标进一步思考。

如果学习目标指向的是"如何读懂一篇文章"，那就可以保留这个大概念，将核心问题调整为"你认为读懂文章的关键是什么"或者"难读懂的文章难在哪里"。如果学习目标指向的是"读懂长句子的方法"，那就可以保留这个核心问题，重新提炼大概念，如"**寻找主干、抓住关键词、划分阅读节奏是读懂长句子的有效方法**"。

开放性

虽说核心问题可以看作对大概念的一种设问，但它应该足够开放。大概念是核心问题的回答方向，却绝非"标准答案"，一个人对核心问题的理解应该随着学习和经验的积累而不断深化。核心问题需要在学习过程中的合适时机被反复提出，不断激发学生从不同视角持续思考和回答。

例如，八年级上数学"图形与证明"单元，我们设计的核心问题如下：

是什么让数学证明具有很强的说服力？

数学证明与日常生活或其他学科中的说理，有明显不同。在一些自然科学中，通过观察、测量、实验等科学方法反复验证得出的结论，往往被认为是正确的。在一些社会科学中，一些权威观点常常会被用作说明其他道理正确与否的论据或评价标准。而在数学中，这些方法都是行不通的，只有从已经被证明的正确结论出发，通过演绎的方式有逻辑地推理，才能得出新的正确结论。这种近乎刻板又十分形式化的要求，使数学看起来僵化而不近人情，但这恰恰保证了数学的纯粹和严谨。

虽然很多学习数学的人对数学证明都有很深的体验，但能够想象的是，对这个问题，人们一定会从不同的视角回答，甚至数学家的回答都不完全一样。

持久性

核心问题在单元学习开启时、进行中和结束后，都应该让学生不断思考和研究。这就要求核心问题应该尽量做到"入口宽""起点低"，但又具有上升空间。随着学习的不断深入，学生对核心问题总会冒出一些新的想法，自觉地修正或补充之前的答案，激发自己达成与大概念相关的深度理解。

有些核心问题，甚至可以在整个学科学习过程中持续发挥作用。后续的学习和积淀会让学生对其有更深的认识和理解。

例如，五年级上语文"家国情怀"单元包含《古诗三首》（分别是《示儿》《题临安邸》《己亥杂诗》）《少年中国说（节选）》《圆明园的毁灭》《小岛》等课文，根据文本内容和学习目标，我们提炼了以下大概念：

● 祖国贫弱之际敢于发声，危亡之际敢于担当，是爱国的重要体现。

对应的核心问题如下：

什么是爱国？怎样做才算爱国？

围绕单元具体内容，我们可以对核心问题做出相应的回答。然而，这个问题其实具有广阔的思考与回答空间，爱国也不局限于本单元课文中的这些表现。随着年龄的增长、阅历的丰富，学生对"爱国的表现"会有更深的认识。不同的人，不同时期，爱国的表现也各不相同。可以说，这个问题值得人们用一生去思考，用一生的实际行动去回答。

统摄性

由于核心问题会贯穿整个单元学习，所以它就像进入单元学习的"通道"。为了回答它，学生首先需要思考与之相关的其他问题，因此，必须深入学习单元知识，并调动自己先前的经验完成思维的重构。于是，核心问题引发的这种连锁反应就能撬动整个单元的学习。所以，核心问题具有中心性和统摄性。

例如，七年级上地理"气候"单元，我们设计了以下核心问题：

什么会影响我们这里的气候？

影响一个地区气候的因素很多，首先是纬度位置、海陆分布和地形这些地理要素，所以南方与北方、沿海与内陆、高山与平原，气候各不相同。这就使得世界气候的分布是复杂的，但也是很有规律的。

同时，气候与人类的活动也会相互作用。气温、降水和光照会影响自然景观，会为人类的生产生活提供自然条件与物质基础；而气候的异常变化则会引发自然灾害，从而对人类的生产生活造成不利影响。同时，人类的活动一方面不断适应气候；另一方面，也对全球气候的变化产生重要影响。

这个核心问题看似"风轻云淡"，实则"蕴含乾坤"。深刻而全面地回答这个问题并非易事，这涉及很多自然地理和人文地理知识。将"气候"作为抓手，可以联结几乎所有重要的地理学概念。

通俗性

与大概念的高度专业不同，核心问题要尽量通俗。好的谜语，谜面一定不能晦涩难懂。如果大家连谜面都看不懂，就没办法猜谜了。同样，作为大概念"谜面"的核心问题，也应该建立在学生先前知识和经验的基础上，尽量避免使用学生还没学过的"专业术语"，以使学生不需要教师的很多引导就能理解其含义。

例如，九年级上化学"氧气与二氧化碳"单元，氧气与二氧化碳都是无色、无味的气体，看不见，摸不着，如何知道它们存在，并测定其含量呢？

可以利用氧气的助燃性。制作一个密闭的容器，使其与水槽相通，让可燃物在容器中燃烧直至熄灭。在容器中的氧气被消耗的过程中，水槽里的水就会进入容器。根据容器中水的体积与容器容积的比，就能确定空气中大概含有 21% 的氧气。

这是利用气体性质进行转化，将不可见的气体转化为可见的东西，从而开展定性与定量研究。

于是，我们提炼出本单元指向学习方法的大概念：

● 可以利用物质的性质与变化规律，通过转化法去研究不易感知
的物质。

这个大概念的表述比较专业，我们需要用口语化的语言将其转化
成核心问题，尽量避免出现需要很多解释学生才能明白其含义的学科
术语。比如，本单元的核心问题可表述如下：

如何才能说明肉眼看不见的东西（比如气体）真实存在？[①]

需要指出的是，一个好的核心问题，这些特征往往是兼具的。
最后，我们用麦克泰格和威金斯对核心问题的描述[②]作为这一讲的
结束。

没有简单的、"绝对正确"的答案，它们注定会有
争议。
旨在引发并维持学生的探究，同时令其专注于学习。
会带出其他一些重要的问题。
人们会自然而合时宜地反复提出这个问题。
引起了学生对核心观点（大概念）和先前经验的持续
反思。

---

① 该问题由于海宁老师设计。
② 麦克泰，威金斯.理解为先单元教学设计实例：教师专业发展工具
书 [M].盛群力，张恩铭，王陈烁，等，译.宁波：宁波出版社，2018：89.

|第 9 讲|

追问核心问题

通过上一讲我们知道，核心问题相当于大概念面向学生的代言人。这位代言人的使命是引导和启发学生借助知识有意识地沿着大概念的方向去思考。所以，核心问题设计得好不好，将直接影响学生思考大概念的视角和深度。

同时，核心问题不能仅仅设计出来，还要真正呈现给学生，并在单元学习过程中不断追问。只有让学生持续思考并努力回答核心问题，才能真正了解他们对大概念的理解情况。为此，我们需要一定的方法，并借助一定的工具。

转化成核心问题

由于大概念与核心问题既具有本质上的一致性，又具有表述上的差异性，所以在把大概念转化成核心问题时，需要遵循一些原则，用到一些策略。

借助对象

迁移性是大概念的重要特征之一，这就决定了大概念通常不会与某一具体的学科知识关联度过高；否则，大概念就无法迁移。然而，回答核心问题时，如果没有抓手，就很容易泛泛而谈，难以形成有价值的理解。因此，有时需要借助一些相对明确的对象来提出核心问题。

例如，八年级下数学"因式分解"单元，我们将大概念确定如下：

●　同一数学对象的不同形式会提供不同的信息和视角。

这个大概念超越了因式分解本身，具有很强的普适性，但其中"数学对象""不同形式""信息和视角"的内涵广泛而深刻，如果不借助具体的数学对象加以阐述，学生就会感觉无从下手、无话可谈。结合这一单元学习内容，可以设计下面的核心问题：

同一个算式用"和"与"积"两种形式表示，各自的优点和不足分别是什么？

将"数学对象"聚焦为"算式"，"不同形式"对应为"'和'与'积'"，"信息和视角"转化为"优点和不足"，这就使学生在思考时有清晰的切入点，还有效结合了前面学习过的整式乘法的相关知识，能很好地调动起学生先前的经验。这既与大概念保持了很好的一致性，又和学习内容保持了紧密的联系。

删繁就简

核心问题要具有良好的开放性和持久性，就不能问得过于具体。如果限定条件太多，学生的思维就会受到局限，回答的范围也就自然而然地不断收缩，最终成为"标准答案"。

因此，核心问题的设计思路一定要宽广。忠于大概念但不止于大概念，是我们需要秉承的一个原则。

例如，四年级下语文以《小英雄雨来（节选）》《我们家的男子汉》《芦花鞋》为主要篇目的"勇敢"单元，如果设计这样的核心问题：

文中人物是通过哪些行为表现出勇敢这一品格的？

我们就会发现，这个问题的回答空间被"文中""行为"等词语限定在既定文本中，对这个问题的回答实际上成了对这些课文的总结与归纳。这样一来，学生在回答问题时，最终会陷入具体的知识中。

要避免出现这种问题，就要删掉限定条件，简化文字表述。这样才能留出学生自由思考的空间。可以将核心问题完善如下：

何谓勇敢？

这个核心问题只有短短四个字，但在指明思考方向的同时留下了广阔的回答空间。如此，单元中的课文成为理解勇敢品质内核的载体，学生就可以从这些课文说开去，尽情表达自己对勇敢的理解。这样的核心问题就具有很好的开放性和持久性。

变"客"为"主"

要想用核心问题激发学生的真实理解，一个重要的方法是表述时带有一定的主观色彩，并适当加上"你认为""你觉得"等词语突出这一点，鼓励学生表达自己的主观感受。

例如，高一上《乡土中国》整本书阅读单元，如果设计这样的核心问题：

作为中国最基层的乡土社会是一个怎样的社会？

虽然这个问题正是作者费孝通努力探讨的问题，是全书的主旨所在，看起来的确很"核心"，但它指向"是什么"，学生在思考时，通常会不自觉地想去书中寻找"标准答案"。尽管想要很好地回答这个问题，学生需要真正读懂文本，并具有较强的概括、归纳能力，但答案显然是作者的，而不是学生自己的认识。

可以将其调整为：

你认为当今的中国乡村是否依然是作者所说的乡土社会？ [①]

想要回答这个问题，学生首先应该搞清楚作者所说的乡土社会是怎样的社会。同时，这个问题能带动学生对当今社会的审视和思考。每个人的经历不同，主观感受不同，答案也就会不同。这就使得此问题在不偏离文本主旨的前提下，具有很强的开放性。

类似地，还有下面这样的问题：

伟大人物的行为会影响历史吗？
一个人的经历会改变他的性格吗？

虽然问题中没有"你认为""你觉得"这样的标志性词语，但是它们仍然指向学生的主观感受。

结合学情

核心问题应该具有通俗性，要让学生看得懂。因此，同一个大概

---

① 参见闫存林.语文学习任务设计：原理、方法与案例 [M].北京：中国人民大学出版社，2022：86.

念，面对不同年龄段、不同理解能力或不同知识基础的学生，转化成核心问题时需要有一定的差异。换句话说，设计核心问题需要结合具体的学情。

例如，语文中有大量跟一年四季有关的课文，如小学的《田家四季歌》《江雪》，中学的《雨的四季》《故都的秋》等。从这些课文中，我们可以提炼以下大概念：

- 四季更迭造就自然万物不同的美，也带给人们不同的感受。

但将这个大概念转化成核心问题时，对不同年龄段的学生不能采用统一的表达方式。对小学低年级的学生，我们可以这样问：

你最喜欢春夏秋冬哪个季节？为什么？

对小学高年级的学生，问题可以改为：

春夏秋冬四个季节都有哪些代表性的事物？它们带给你怎样的感受？

而对中学生，我们还可以进一步提出以下问题：

为什么相同季节里的同一种景象，会给不同的人带来不同的感受？

总之，核心问题应该与学生的认知能力相匹配。只有这样，核心问题才具有亲和力，才能激发学生的回答欲望，不致使学生望而却步，无所适从。

分解核心问题

前面曾提到，核心问题的重要特征之一是统摄性。也就是说，学生在尝试回答核心问题时，往往会想到其他一些问题——核心问题将成为学生不断探究相关内容的"发动机"。因此，在进行大单元教学设计的过程中，对核心问题进行必要的分解，发挥其辐射作用，以不断产生下位的、与学科知识联结的子问题，是非常重要的。

例如，语文"议论文"单元，可以设计以下核心问题：

为什么议论文的语言会让人信服？

这个核心问题就具有很强的统摄性。为了帮助学生很好地思考和回答这个问题，我们在教学推进的不同阶段，可以适时提出下面一些问题：

议论文中作者是如何阐述自己的论点的？
什么能对作者的论点起到有力的支撑作用？
作者为什么举例子？例子在议论文中起什么作用？
正例和反例在证明论点的过程中作用有什么不同？
…………

这些问题可以看作上面核心问题的子问题，每个子问题都指向议论文语言特征的一个具体方面。想要回答核心问题，就必须先搞清楚这些子问题；而对这些子问题的思考，则会带动学生对核心问题的理解。两者相辅相成，相得益彰。

又如，九年级上历史"'一战'前后的国际关系"单元和四年级上艺术"多彩的民族音乐"单元，我们可以对核心问题做分解（如图9-1、图9-2所示）。

核心问题在这些问题中就像平等中的首席，具有意见领袖的作用。根据核心问题拆解出的子问题，会更加精准地对应单元学习内容。这样，以核心问题为首的问题串，就像人的神经系统一样，在单元"全身"编织一个网络。顺着这个网络，我们就能通达"机体"的各个主要部分，并借助它完成单元学习。

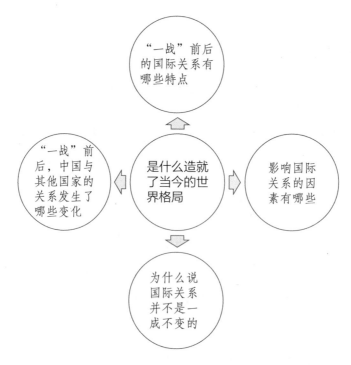

图9-1 对"'一战'前后的国际关系"单元核心问题的分解

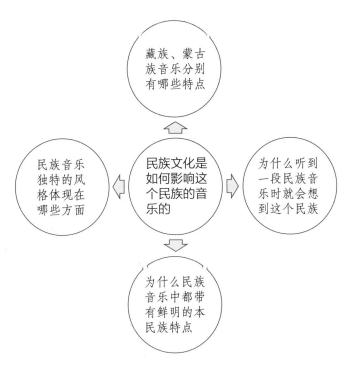

图 9-2　对"多彩的民族音乐"单元核心问题的分解

回答核心问题

设计好核心问题后，该怎么运用它呢？

首先，由于核心问题在单元学习开启时、进行中和结束后都能回答，因此，在单元学习开启时，教师就应该公布核心问题供学生思考。这样，通过学生的回答，我们就可以了解学生认知的起点。这有利于我们进一步明确或调整单元教学的重点和难点。

其次，在单元学习过程中，我们需要按照一定的时间节点，有计划地追问学生核心问题。有些单元可以在每节课后都进行这样的思考；有些单元可以在一个知识或方法的学习告一段落，或一个小任务完成后进行思考。这样，我们就可以不断触发学生对大概念深入理解的

"开关",促使学生不断反思并更新先前的认识和经验,以使学习始终行进在大概念预设的轨道上。

最后,在单元学习结束时,对核心问题我们应该有一个专门的梳理与沉淀时间。比如,安排一个课时。在实际教学中,可以采用小组交流或班级汇报等方式进行。通过学生间的相互讨论、相互补充和相互矫正,使他们对核心问题的答案形成一定共识(注意:不是共同获得一个标准答案)。这个共识应该比较趋近本单元提炼的大概念。

为了更好地帮助学生留下对核心问题的回答痕迹,可以设计单元核心问题回答情况记录单。表9-1就是一张八年级上数学"全等三角形"单元核心问题回答情况记录单[①]。

表9-1 "全等三角形"单元核心问题回答情况记录单

核心问题:如何判断两个图形形状和大小的关系(请在学习过程中持续思考这个问题,并把你的答案记录在下面的表格里)

次别	时间	回答情况
1	9月12日	
2	9月15日	
3	9月20日	
……		

单元学习结束后,可以对学生回答核心问题的情况进行汇总(如表9-2所示)。

① 本案例由薛宁宁、高远、谢晨、王玉环、宋雪琦等老师提供。

表9-2　对"全等三角形"单元核心问题回答情况记录单的分析

人概念：研究图形就是研究组成图形的基本元素间的数量关系和位置关系

核心问题：如何判断两个图形形状和大小的关系

次别	回答情况概述	记录单示例
1	在单元学习开启时，首次接触这一核心问题时，学生想到最多的是通过测量进行研究和判断。 　　还有部分学生通过面积单位累加的方式来计算两个图形的面积，借助比较面积来研究图形的大小和形状。 　　此外，部分学生联想到图形的基本元素——边，对图形的形状与基本元素建构联系。通过观察等方法，了解到边的长度会影响图形的形状和大小。 　　这个问题还唤醒了一部分学生关于图形变换知识的先前经验。通过平移、旋转等进行变换，变换前后，图形的大小和形状未发生改变。	形状：1. 可以通过角来判断，有几个角就是几边形。 　　　2. 可以通过边来判断，有几条边就是几边形。 　　　3. 可以通过测量来判断，测量每条边的长度。 　　　4. 可以通过测量单位来判断，用同样的单位测量两个图形。 大小：可以通过测量判断，测量两个图形的边，确定两个图形的大小。 形状与大小的关系：试着把图形旋转、平移，看是否能重叠。 　　　1. 能重叠：如果旋转或平移后能重叠，计是同样大小的图形。 　　　2. 不能重叠：如果不能重叠，图形大小就不相同。 1.形状：可以用对称轴来判断，如：圆形有无数条对称轴，等腰三角形有1条对称轴。 也可以把两个图形叠在一起来判断形状和大小是否一样。 ① + ② = □ 所以得出①＞② 两个长得一样，所以都是正方形。 2.大小：可以借助工具测量来判断，如：① 1cm　② 0.5cm　所以图①比图②大　1cm＞0.5cm 移动（平移，旋转，按比例放大、缩小等）一个图形至另外一个，看它们是否重合。 如果经过平移、旋转后重合，则形状、大小相等。 若按比例缩放后重合，则形状相同，大小不同。 若无法重合，但面积相等，则大小相同，形状不同。 若无法重合，且面积不等，则形状、大小都不同。

次别	回答情况概述	记录单示例
2	在单元学习进行中，学生的答案主要聚焦于以下两点： 　　（1）基于全等图形的定义——能够完全重合的两个图形是全等图形，来研究和判断两个图形形状和大小的关系。 　　（2）基于图形的基本元素——通过测量对应边、对应角的数据是否相等，当两个图形所对应的基本元素完全相同时，两个图形的大小和形状就完全相同。 　　可以看出，学生在单元学习进行中的思考比单元学习开启时进了一步，对图形的形状和大小从感性认识上升到理性认识，从整体走向元素，逐步接近"研究图形就是研究组成图形的基本元素间的数量关系和位置关系"这一单元大概念。	①可以将两个三角形叠在一起，看是不是重合。 ②可以测量查看是否对应边、对应角相等（三角形）。 ③如果所有边对应相等，或两边及其夹角对应相等，那么两个三角形相等（仅用于三角形）。 ④可以用翻转等方法查看是否相等。 分别测量两个图形边的长度、角的角度，将两个图形的中心点重合并对其中一个图形进行旋转，若在旋转的某个时刻两个图形能够完全重合，则称之为全等。

次别	回答情况概述	记录单示例
3	在单元学习结束后，可以看出，学生能够从"判定"的视角来研究两个图形形状和大小的关系。 　　大部分学生能够聚焦于图形的基本元素（边和角）影响图形的大小和形状。其中有学生提到图形"形状和大小的关系就是边和角的关系"，这一观点实际上已十分接近单元大概念的表述。 　　还有学生进一步指出，只需恰当的三组基本元素就能够判断三角形形状和大小的关系。这说明学生已具备寻找最优策略的思路——"研究图形的性质时，通常希望获得尽量多的结论；研究图形的判定时，通常希望借助尽量少的条件"。 　　个别学生提出特殊三角形（如直角三角形、等腰三角形等）有特殊的全等判定方法。还有几位学生提到了从三角形全等到其他图形全等的推广。	从图形的组成来看，改变角的大小，可以改变图形的形状；改变边的长度，可以改变图形的大小。 形状和大小的关系，就是边和角的关系！ 当两个三角形满足三条对应边、三个对应角相同时，它们的形状和大小一定一样，这就是全等的定义。但判断全等时，可以不用六个条件，用三个就可以。

学生每次回答核心问题时，不必删除或修改之前的回答。这样我们就能清晰地看到学生思考核心问题的心路历程。随着学习的深入，学生对核心问题的回答会逐渐变得全面、深刻。而通过阅读学生的记录单，通过纵向对比，教师就可以清晰地把握学生的学习过程和结果。

学生的哪个回答能表明其对大概念的理解更深刻，往往需要教师仔细判断。我们可以预设一些关键词和要点作为评估证据，必要时也可以和学生面对面交流，以了解其更深层的想法。

这样，以单元核心问题为脚手架，在持续思考、回答、追问核心问题的过程中，学生逐步形成对学科大概念的感悟。通过对比学生在不同阶段回答核心问题的视角和深度，可以实现学生理解大概念过程的可视化。

当然，对核心问题的回答，通常不会随着单元学习的结束而停止，单元学习是探讨核心问题的起点而非终点。在今后更长的学习时间里，如有必要，教师可以再次提及这些单元核心问题，让学生重新认识并不断深化理解，使这些核心问题成为撑起整个学科学习的一根根支柱，构建起学生对学科核心素养内涵的持续理解。

| 第 10 讲 |

结识核心任务

把大概念转化成核心问题后，学生的单元学习就有了清晰的目标——为回答核心问题而努力思考。

然而，对核心问题理解的深化，并不会随着时间的推移自然产生。那么，我们该如何帮助学生更好地探究核心问题呢？

设计基于真实情境的核心任务就是一种有效的方式。核心任务是一种能够贯穿整个单元、相对复杂的表现性任务。完成核心任务的过程，事实上也是对大概念进行迁移运用的过程。

大单元教学的"发动机"

教学中任务随处可见，老师们几乎每节课都会给学生设计这样或那样的任务：读一篇课文，解一道习题，做一个实验，进行一次表演……

那么，大单元教学中的核心任务，与这些课堂任务有什么不同呢？

这里的"核心"有以下几层含义。

首先，核心任务不是一节课学生就能完成的那种"短、平、快"的课堂任务，其"核心"的意义在于能够贯穿整个大单元的学习。因此，核心任务应该具有相当的复杂性和综合性，完成它对学生来说是一种挑战。

其次，核心任务虽然不直接指向知识与技能本身，却可以带动对知识与技能的学习。为了完成核心任务，学生必须系统地学习知识，掌握技能。因此，核心任务需自带动力，其"核心"的意义在于具有大单元教学"发动机"的作用。

最后，核心任务要具有较强的表现性，具有可评估的特征。通过核心任务的完成质量，我们就可以看到学生对本单元知识与技能的掌握情况，并在一定程度上了解他们对大概念的理解程度。因此，其"核心"的意义还在于要紧扣大概念进行设计，将能否实现大概念的迁移运用作为重要的维度。

例如，九年级上历史"'一战'前后的国际关系"[①]单元，我们确定的单元大概念如下：

• 国家利益是国际关系的决定因素，根据时局变化使国家利益最大化，是各国制定外交政策的根本出发点。

我们将其转化成以下核心问题：

为什么国家之间的合作和谈判特别艰难？

我们进一步设计了以下核心任务：

模拟"四国秘密会谈"

全班同学每8人分成一组，每组代表英、法、美、意中的一个，其余学生为仲裁员。此时第一次世界大战刚刚结束，四国在巴黎和会召开前决定举行一次秘密会谈。在会谈中，每组同学在充分了解本国优势和劣势、国家间矛盾及其他国家需求的前提下，根据"一战"中各国状况和战后国际局势进行有效谈判，为自己国家争

---

① 本案例由曲彦霞、林雪松、闫红卫、邵泽慧、郝沁源等老师设计。

取当前最有利的国家利益分配或处置方式，最后签订一份各国都认同的协议书。

　　这个核心任务具有很强的驱动力，因为想要很好地为自己代表的国家争取利益，就要充分学习"一战"前的国际局势、"一战"的过程和最后结果等一系列相关知识，又要深入分析"一战"爆发的根本原因和战后不同国家的政治诉求。为完成这个任务的准备和谈判过程，加深了学生对核心问题的思考，也间接促进了学生对大概念的理解。

　　又如，八年级上生物学"细菌和真菌"①单元，我们确定的单元大概念如下：

　　• 每种微生物对人类都有利、弊两个方面，减少危害、服务生产生活是运用生物技术的重要原则。

　　我们将其转化成以下核心问题：

　　假如没有微生物，世界会怎样？

　　为了让学生更好地理解大概念，回答核心问题，我们设计了下面的核心任务：

食品加工小作坊

　　请你选择一种微生物，利用其生物学特性来制作一款发酵食品

　　① 本案例由杨清、叶翠、成二超等老师设计。

并录制视频，同时制作一份食品说明书，介绍该食品的制作方法和流程，并向同学们推广。

这个核心任务让学生通过实践，去体会微生物是如何造福人类生活的。在实际操作过程中，有些学生会成功，有些学生可能会失败。这种经历会让他们体会到，微生物在方便我们生活的同时，也会带来食物腐败、疾病等，给我们带来困扰，从而加深他们对大概念的理解。

将抽象的大概念和没有统一答案的核心问题放到具体的核心任务情境中，通过完成核心任务，学生可以逐步体会知识背后的道理。可以说，完成核心任务是一条通往大概念理解的实践之路。

核心任务的特征

什么样的任务才是一个好的核心任务呢？

威金斯等人总结了核心任务的三大特点：现实的意义、复杂的情境和开放的学习环境。李维斯（Reeves）提出了核心任务的十个特点："①与真实生活相连；②包括像真实生活一样复杂的不明确问题；③为了完成任务学生有机会将多学科领域联系起来；④包含了在一段时间内学生追求的复杂目标；⑤学生有机会用不同资源、不同观点对问题进行界定；⑥提供了课堂和现实生活中都必须要有的合作机会；⑦提供自我表达的机会；⑧在过程结束时允许出现不同的结果；⑨包括过程和结果两方面评价；⑩允许多元解释和结果。"①

我们可以用图（如图10-1所示）将核心任务的主要特征简要表

① 高恩静，卡雷恩，卡普尔.真实问题解决和21世纪学习 [M].杨向东，许瑜函，鲍孟颖，译.长沙：湖南教育出版社，2020：22.

示出来，然后再分别说明。

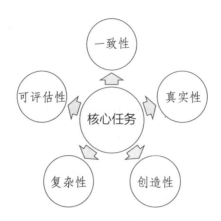

图 10-1　核心任务的主要特征

一致性

核心问题与大概念应该具有高度一致性。道理很简单。因为核心任务是为理解大概念、回答核心问题而设计的，所以，核心任务要与大概念和核心问题保持一致。

比如，小学语文"英雄"单元，我们可以提炼以下大概念：

● 英雄不是完美的人，能做出一般人不易做到、对人们有意义的事情的人就是英雄。

我们将其转化成以下核心问题：

何谓英雄？

为了让学生更好地理解大概念，回答核心问题，我们设计了两个核心任务：

1. 请你策划一个"穿越时空对话英雄"颁奖礼，为历史上某位英雄写一份颁奖词。

2. 和平时代谁是英雄？请根据你的所见所闻，或查阅资料，选择你心目中的一位当代英雄（或一个英雄群体），介绍他（或他们）的事迹，并说明你的选择理由。

这两个任务哪一个更适合本单元呢？

仅从任务本身看，两个都很精彩，也都能充分调动学生的积极性。但是，对比大概念与核心问题就会发现，第二个任务更能不断引发学生对"英雄的标准"的思考，进而让学生感受大概念的内涵。而第一个任务则不能起到这样的作用。尽管学生可能会兴致勃勃地完成这个任务，但这对解答核心问题并没有明显帮助，也就无法借助它让学生很好地理解大概念。

真实性

核心任务能够驱动整个单元的学习，这种驱动力从哪里来呢？

主要来自任务的真实性。核心任务要与学生的现实生活——大到世界风云变幻、世事变迁，小到生活细节、一草一木发生关联。只有这样，才能让学生产生强烈的使命感和探究欲望，推动他们去努力完成任务。

例如，2020 年国家脱贫攻坚战期间，地理学科整合设计了"农业"单元的学习，老师们设计了这样的核心任务：

精准扶贫奔小康 [1]

你是否知道，就在我们身边，环绕北京、天津分布着河北省的贫困县？赤城县便是其中之一。请你结合所给的文字资料、气象数据、地形图、河流图、土地利用类型图等图文资料，运用所学知识，从农业发展角度（农业部门、品种培育、生产经营模式等）为当地农户脱贫出谋划策，制定一份当地农业发展规划书。

前几年，很多学科都以"防疫抗疫"为背景，设计了许多真实性很强的核心任务。例如，数学学科借助病毒传播的速度和规律研究函数，生物学科借助新冠病毒研究微生物以及如何健康生活，历史学科借此研究重大疾病对人类历史的影响，道德与法治学科研究国家对人民健康的责任与担当……

需要指出的是，核心任务的真实性不等同于完全真实。有些时候，比如学习童话、古代历史等，我们无法创设真正的现实背景，但可以营造一个模拟的环境，让学生有充分代入感，以激发学生的兴趣。这可以看作另一种意义上的真实。

比如，七年级下历史"两宋文化"单元，就可以设计类似穿越故事的核心任务：

《清明上河图》中的"我"

北宋画家张择端的《清明上河图》生动地描绘了北宋时期都城东京汴河两岸的自然风光和繁荣景象，反映了当时的城市面貌和社会各阶层人民的生活状况，是北宋城市经济情况的真实写照。如果

① 本案例由徐希阳、孙骁、王晓玥、李岳等老师设计。

现在的你忽然穿越回北宋，请你从图中选择一个人物作为自己，并从这个人物的视角说一说你的所见所闻以及所思所想，写一篇关于"清明上河"的散记。

创造性

核心任务的驱动力还来自创造性。也就是说，核心任务不能仅仅停留在对学习内容的简单概括上，学生在核心任务完成过程中如果不能有新的创造产生，也就不能让所学的知识获得迁移。

这里还要对开放性与创造性做个区分。一般来说，有创造性的任务往往是开放的，但不是所有开放的任务都具有创造性。例如，七年级上《西游记》整本书阅读单元，我们可以对比以下两个核心任务，体会它们的不同。

先看核心任务一：

为《西游记》人物制作形象卡

同学们一定都见过介绍作品人物的小卡片吧！请你为《西游记》中你最喜欢的人物制作一张卡片。上面要有人物的外形描述、性格分析、技能介绍和经历说明。最后还要配上一幅你手绘的精美插图哟！

学生也许会饶有兴趣地完成这个任务，每个人的作品也不尽相同。但归根结底，这个任务是对原著内容的总结与归纳，虽然具有一定的开放性，却缺乏创造性。学生往往将自己的创造力发挥在卡片形状、人物肖像、版面布局这些学科外部因素上，从而使核心任务的驱动力打了折扣。

再看核心任务二：

新写"西游"故事①

明末清初的小说家董说曾在"孙悟空三借芭蕉扇"之后插入一段孙悟空在幻境的见闻，借此表达自己的思想。如果请你在《西游记》相邻的两回之间插入一回，你会选择插在哪里？又会是怎样的一段故事？请你写出来。

写作要求：①故事要完整，起因、过程和结局合理；②唐僧师徒四人均要出场，其性格特点不能改变；③重新创设途经的地点、遇到的妖怪及其兵器、法术等；④语言风格与原著保持一致，比如，在必要处添加"有诗为证"。

这个核心任务并不是简单概括情节和人物特点，而是提出了更高的要求——创造。而创造的前提一定是吃透原著的叙事风格并深刻把握人物特点。无论学生的模仿是否能达到原著的水准，完成核心任务的过程都会给学生带来思维的提升。

复杂性

因为核心任务需要在整个单元学习过程中持续完成，所以应该有一定的"工作量"，不能一蹴而就。即使学生能在单元学习的某个阶段完成，也需要在后续学习过程中不断进行修改、补充和完善。

---

① 参见闫存林. 语文学习任务设计：原理、方法与案例 [M]. 北京：中国人民大学出版社，2022：118-119.

这就要求在设计核心任务时，充分考虑学生的能力，通过限定完成任务的环境和条件来匹配学生的水平，使其能够贯穿单元学习始终。当然，这种复杂性需要把握一个尺度，要符合学生认知和能力发展的规律，让学生"踮起脚尖够得着"或者"协同作战做得到"。

例如，七年级下地理"区域地理"单元，我们设计了"制定东南亚寒假旅行方案"的核心任务，目的是实现对"**一个区域的地理位置、地形地貌、气候和政治、经济、文化等要素是相互作用、相互影响的**"这个大概念的理解。

制定东南亚寒假旅行方案 [①]

"读万卷书，行万里路"，小明的父母每年都会利用假期带小明出国旅行。这次寒假他们选定的目的地是东南亚，父母将制订旅行计划的任务交给了学过地理知识的小明。假如你是小明，请按照要求完成这份计划。

① 选择一个国家，且选定其2—3个城市，说明选择的理由，并给出这个国家和这些城市的简单介绍。

② 选择出行的时间和合适的交通方式（包括去该国以及在该国各城市间的），综合考虑时间成本、经济成本和便捷度等因素。

③ 选择每个城市打算去的风景区或场馆，给出这些地点的简单介绍并说明选择的理由。

④ 制订旅游期间的住宿、美食和购物计划，给出简介并做好预算。

⑤ 选择出行所需的衣物、药品、各种设备等必备品，并说明

---

① 本案例改编自徐希阳、李岳、王晓玥、孙骁等老师的设计。

理由。

⑥指出其他需要注意的事项、遇到突发事件的处理方式等。

制定旅行方案这个核心任务，涉及目的地的自然地理和人文地理等诸多要素，既真实有趣，又富有创造性。更重要的是，这是一个比较庞大的系统工程，并非一两个课时就能完成。随着单元学习的深入，学生需要一个要素一个要素地进行综合考量，有时经过后面的学习，还可能返回去修改前面已经写好的内容。但正是这样的过程，才会使学生体会到各地理要素之间相互影响、相互制约的依存关系，直指大概念。

可评估性

如果核心任务与大概念、核心问题保持了很好的一致性，那么它的完成情况就可以成为大概念是否被学生理解的表征。因此，核心任务本身应该具有可评估性。

要想让核心任务具有可评估性，很关键的一点是它应具备较强的表现性。也就是说，它应具有外显的可见结果，最好是能够物化、展示或表演，同时我们能够为这样的产品、活动或表演制定明确的评估标准。这样，教师就可以通过核心任务的完成情况，了解学生对本单元大概念的理解和掌握情况。

例如，七年级下语文"杰出人物"单元，可以设计这样的核心任务：

为杰出人物设计微信[1]

选择一个你最欣赏的杰出人物，为他设计微信，包括微信名片（微信号、昵称、地区、个性签名等信息），并在不同时间发布4—8条朋友圈信息，同时设计一些相关人物的点赞和评价语言。

要求：微信中的所有信息都要尊重历史事实，符合人物的时代特点和性格特征，能够反映人物的精神内涵和当时大家对他的认识。文字需原创自拟，图片可以引自网络，但需可靠。

这个核心任务就具有很好的表现性，让学生对杰出人物的认识、情感这些内在的东西，通过微信这种现代化的互动工具外显出来。每个学生的作品都能很好地反映他对所选人物精神世界的感受，而透过不同学生的作品又可以看到他们对人物不同的理解。如果进一步根据任务要求设计一份评估学生作品的量表，就能将学生对这个单元的学习效果加以量化，教师借此便可掌握学生的知识理解情况和素养达成情况。

---

[1] 本案例改编自王星懿、李铎、师卉等老师的设计。

| 第 11 讲 |

设计核心任务

由于核心任务同大概念、核心问题具有一致性，因此，设计核心任务的起点是确定大概念与核心问题。

核心任务只有表述细致，要求明确，其完成过程才能充分体现学生对大概念的理解。

事实上，设计核心任务有一定的"套路"，可以先从模仿开始。当然，要想设计出好的核心任务，最终还是要依靠教师自身的教学灵感和创造力。

核心任务的设计原则

表里如一

不能从任务出发设计任务。设计核心任务的根本目的是帮助学生更好地思考和回答核心问题，从而促进其对大概念的理解。因此，核心任务是大单元教学的手段，不是目的。

在设计大单元教学时，以往的教学经验，有时会使我们突然想到一个比较不错的"任务"，就顺手将其作为核心任务，却往往忽视了它与大概念、核心问题是否匹配。这就会造成任务完成得热热闹闹，产品也很丰硕，但学生却没有对核心问题的思考，更谈不上对大概念的理解。"问题、任务两张皮"，是设计核心任务时需要特别注意避免的问题。

例如，八年级"弘扬传统文化"跨学科单元，我们由大概念转化而来的核心问题如下：

当代青少年应该为弘扬中国传统文化做些什么？

设计的核心任务如下：

为传统节日代言

中国有哪些传统节日？请选择一个节日做它的代言人。通过查阅资料，为这个节日制作一本图文并茂的宣传册或录制一段宣传视频，内容包括它的来源、历史发展和庆祝方式的演变等。

这个核心任务乍看起来，以传统节日为切入点，紧扣"传统文化"的主题，真实有趣，要完成的产品十分明确。但仔细分析就会发现，即使学生制作出精美的宣传册或宣传视频，也无法通过制作过程深刻地思考核心问题。换句话说，这个核心任务对学生回答核心问题帮助并不大。

而如果换成这样的核心任务——"寻找身边即将失传的某种传统文化，设计一些将其发扬光大的措施并总结实践效果"，效果就会大大不同。在这样的任务完成过程中，学生才会体会到弘扬传统文化应该付出的努力和智慧，从而获得对核心问题的深入理解。

所以，核心任务是"表"，大概念是"里"，核心问题是沟通"表""里"的桥梁，只有三者协调统一，才能形成合力，共同促进学生核心素养的达成。

动静有序

如果说核心问题的回答靠思考，那么核心任务的完成就要靠操作。

核心任务，首先要能让学生动起来。设计核心任务，就是为了摆脱传统课堂那种教师讲、学生听的固有模式，强调在做中学。前面说核心任务要具备真实性、创造性等特征，根本上也是希望学生有兴趣、有意愿动起来。

然而，核心任务的设计切不可将活动作为目的，不能为了看起来更像大单元学习，就陷入"核心任务＝学生活动"的误区。

我们来看一个语文单元两个不同的核心任务：

1. 每个小组选择一位古今中外你最喜欢的作家，根据他（她）的生平和作品，编一出小型话剧并表演，其他同学作为观众并投票。

2. "联合国文学委员会"正在筹建世界著名作家名人堂，共有5个名额。现在由你的团队制作候选人推荐表，请详述你们的推荐理由，提交后再由观众进行投票。

这两个核心任务，哪个更具活动性和观赏性？

显然是第一个。

哪个更能触发学生的高阶思维，引发他们更广泛地调动语文知识，更深刻地思考作品本质呢？

显然是第二个。

所以，活动不是目的，核心任务的形式也应不拘一格，有时让学生静下来去完成一个思维上的任务，也是一种智力上的挑战。

正如威金斯和麦克泰格指出的："'活动导向的设计'的不当之处在于'只动手不动脑'——就算学生真的有所领悟和收获，也是伴随着有趣的体验偶然发生的。活动纵然有趣，但未必能让学生获得智力上的成长。"[1]

详尽细致

作为贯穿整个单元的"长任务"，核心任务的表述一定要清晰完整。因此，撰写核心任务时不宜太惜笔墨，甚至有些要求还应十分细致。只有这样，学生在完成过程中才不会走"捷径"，我们希望达成的目标才会有效落实。

例如，小学低年级语文某个单元，有人设计了以下核心任务：

把自己的家人介绍给大家。

这样的任务，既没有字数限制，也没有规定介绍的角度，更没有对文字风格提出要求。如此"言简意赅"，学生就会根据自己的理解和能力随心所欲去完成，最后可能就不会取得我们想要的效果。

一般来说，核心任务可以有一个标题，以阐明任务的主旨，然后用一两段文字对任务进行详尽细致的解读。如果这些仍无法全部展示任务要求，还可以另附图表或示例加以说明。

有入有出

核心任务完成得如何要看学生输出的"产品"，所以它不能像学

① 威金斯，麦克泰格.追求理解的教学设计：第二版 [M].闫寒冰，宋雪莲，赖平，译.上海：华东师范大学出版社，2017：16.

习目标一样只规定学生要学什么、看什么，还要明确指出学生学完、看完后要做出什么成果。核心任务的表现性、可评估性正在于此。

例如，下面五年级下语文"伟人"单元的核心任务，就只有输入而没有输出。

读毛泽东的相关文章，看有关毛泽东的影视，思考毛泽东的伟大之处。

事实上，"读……""看……""思考……"这些输入过程，都应该是为输出某个明确的产品服务的，它们不是核心任务，而是完成核心任务的手段和途径。

GRASPS——一个可以参考的设计框架

如何设计一个完整的核心任务呢？这里，我们借鉴威金斯和麦克泰格提供的模型，给大家提供一个核心任务的设计框架。依照这个框架，我们可以较为便捷地把头脑中某个朦胧的情境或想法具体化，进而变成可以实施的任务。

这个框架称为"GRASPS"[①]，它并非一个英文单词，而是由图11-1中相关单词的首字母组合而成的。这六个名词，也被称为核心任务的"六元素"。

---

① 威金斯，麦克泰格.追求理解的教学设计：第二版 [M].闫寒冰，宋雪莲，赖平，译.上海：华东师范大学出版社，2017：177.

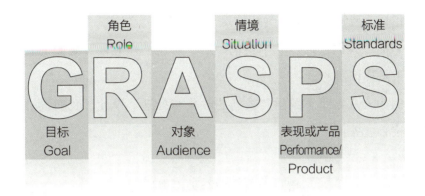

图 11-1　核心任务的"六元素"

所谓目标（Goal），即在这个任务中我们要"解决什么问题"或者"达到什么目的"。由于面向学生，因此对任务目标的描述应该清晰、具体，使学生能读懂，能理解。

所谓角色（Role），即学生在任务中的身份。学生将自己代入角色后，主要从角色的视角去思考，从而完成任务，解决问题。这样学生就有更强的真实感。

所谓对象（Audience），即任务面向的客户或服务对象。学生可换位思考，从客户或服务对象的视角去反思、改进、优化任务，引发自我调节与持续成长。

所谓情境（Situation），即任务所处的具体情境、可能面对的挑战、受到的限制或制约。这一方面可以让学生有充分的代入感；另一方面，能使学生在完成任务过程中绕不开单元核心问题与大概念，有利于保持任务与它们的一致性，也可以合理调节任务的复杂性。

所谓表现或产品（Performance/Product），即任务完成时需要交付的产品或成果。可以是个人成果或团队成果。产品的可视化、可衡量性越强，任务的可评估性就越高。

所谓标准（Standards），即检测产品是否有效或评估成果是否达成的指标。可进一步细化为评估量规或量表。

下面，我们就通过几个案例，看一看这"六元素"是如何在核心任务中发挥作用的。

例如，八年级下数学"数据的收集与处理"单元，我们设计了这样的核心任务：

撰写食堂窗口合理设置提案

一年一度的学生代表大会即将召开，作为一名大会代表，你负责的是食堂窗口合理设置提案撰写工作。请你组织本组成员开展工作，运用所学的统计学知识和提案书写格式，最终形成一份有理有据、表述清晰、建议有效的提案。

我们可以运用核心任务"六元素"对这个任务进行分解（如图 11-2 所示）。

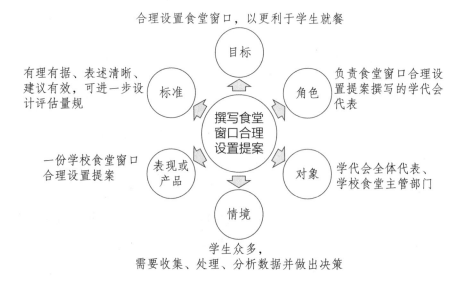

　图 11-2　核心任务"撰写食堂窗口合理设置提案""六元素"分解

经过这样的分解，这个核心任务的关键点就分析出来了。"六元素"就像八个航标，对核心任务起到了很好的定位作用，让其变得清晰明确。

反过来，我们也可以在设计核心任务前，先对"六元素"进行阐述，最后将其组合成一个完整的核心任务。

例如，七年级下生物学"人体的营养"单元，老师们最初有一个"设计科学膳食方案"的想法，希望将其细化成一个核心任务[①]。

我们可以先填写核心任务"六元素"表格（如表 11-1 所示），以厘清具体内容。

表 11-1 "人体的营养"单元核心任务的"六元素"

目标	让学生养成膳食均衡的习惯，学会为自己的健康负责
角色	一名营养指导师
对象	三年级学生
情境	三年级学生刚刚开始去食堂自主选择午餐菜品，菜品丰富多样，造成选择困难，难以取舍，加上平时可能有偏爱的食物，现在脱离父母约束，又缺乏必要知识，容易造成营养不均衡，影响身体发育
表现或产品	制定一份有针对性的用餐指导方案，并提供现场指导服务
标准	希望在我们的帮助下，三年级学生在一个月内能够做到： ① 根据自己的身体指标，制定一周的午餐菜品搭配方案（营养搭配方案） ② 根据自己的饭量，向打饭师傅提出自己所需各类菜品的量（避免浪费） ③ 根据父母的身体状况，尝试为父母设计一周午餐食谱（关爱他人）

将"六元素"相关信息汇总整理，就可以形成一个比较完善的核

---

① 本案例由叶翠、杨清等老师设计。

心任务：

我是营养指导师

我校学生进入三年级就可以自主选择午餐菜品啦！然而，面对丰富的菜品，三年级的小同学们会不会有选择困难？刚刚开始自主用餐的三年级学生如何科学选择午餐菜品，保证膳食均衡，学会为自己的健康负责？

作为一名七年级的大哥哥、大姐姐，我们将化身为一名营养指导师，为三年级学生提供一份有针对性的用餐指导方案及现场指导服务。

希望在我们的帮助下，三年级学生在一个月内能够做到以下几点：

①根据自己的身体指标，制定一周的午餐菜品搭配方案。

②根据自己的饭量，向打饭师傅提出自己所需各类菜品的量。

③根据父母的身体状况，尝试为父母设计一周午餐食谱。

需要指出的是，GRASPS只提供了核心任务的一种设计框架，任务设计的灵感则来自各位教师，有时需要学科组集体的智慧碰撞。我们要善于发现周围世界与学科紧密相关的人和事，善于在日常生活中捕捉有学科价值的信息。这些信息有时稍纵即逝，一则新闻、一次闲谈、一本图书，甚至一个偶发事件，都可能会成为设计核心任务的灵感来源。比如，下面"制作面积尺"这个核心任务，其设计灵感就来自学生课堂上的问题。

在三年级下数学"面积"单元教学过程中，突然有个学生提出了一个看似好笑的问题："老师，有没有可以直接量图形面积的尺子啊？"这显然是个想偷懒的学生，因为在学习"面积"之前学过"长度"，线段的长度可以直接用尺子量，而图形的面积则要一个个地算。

然而，这个问题却让老师们"灵机一动"："何不就将此作为单元核心任务呢？"于是，核心任务"制作面积尺"便诞生了！

制作面积尺

请借助所给材料，设计一把面积尺。可以用它测量长方形、正方形或三角形的面积，并直接读出测量结果。

实际上，那个想偷懒的学生在这样的核心任务驱动下，一点儿懒也无法偷。因为要完成这个任务，不仅需要深刻理解"面积是单位面积的累加""面积单位是长度单位的平方"等一系列数学本质，而且必须掌握正方形、长方形和三角形的面积计算公式。

而且这样的核心任务，会驱动学生兴致勃勃地去完成，一扫传统课堂按部就班学习知识点的沉闷。

好的核心任务像一台"自带动力的发动机"，带动大单元这辆车高速行驶！

大单元教学设计的三要素

至此，我们已经基本完整介绍了大单元教学设计三个最重要的环节——提炼大概念、转化成核心问题、设计核心任务。大概念、核心问题与核心任务，也被称为大单元教学设计的三要素。

其中，大概念是最关键的要素，是学科核心素养的"化身"，是学科本质在单元中的"投影"。它是我们进行大单元教学设计时所期望达成的"最高目标"，是指引整个大单元教学的"灯塔"，它决定了大单元教学的起点和最终归宿。可以说，大概念指向哪里，大单元教学设计就会走向哪里。

核心问题因大概念的存在而存在，它为学生理解大概念搭建了一个很宽的入口。与大概念"不食人间烟火"的学术身份不同，它以平易近人、和蔼可亲的姿态，欢迎每一位学习者面对它，思考它，回答它。但当我们仔细品味时，却会发现，它"简约却不简单"，门槛不高却又可以不断深入理解，答案开放却又可以精益求精。

核心任务是大单元教学最外显的特征。有了核心任务，大单元教学才更像一个有机的整体。在核心任务"裹挟"下，学习者会主动学习单元中的相关知识与技能。为了完成任务而习得知识，使得学习具有更为现实的动力和意义。完成核心任务的过程，也会促使学生去反思对核心问题的回答是否到位，从而间接促进学生对大概念的理解。

可以说三者相辅相成，彼此支撑。经过提炼大概念、转化成核心问题、设计核心任务这样三个环节，就会使原本"高高在上"、看起来"虚无缥缈"的核心素养，找到"降落凡间"的路径，变成日常教学中真真切切、具体而生动的学习活动（如图11-3所示）。

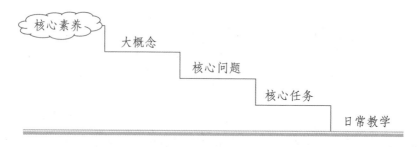

图 11-3 大概念统领下的单元教学可以让核心素养落地

最后，需要指出的是，大概念、核心问题与核心任务三要素的

"稳定性"是依次递减的（如图 11-4 所示）。

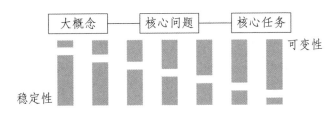

图 11-4　大概念、核心问题、核心任务的稳定性与可变性

大概念的稳定性最强，因为它反映的是学科本质。只要这个学科没有发生本质性的改变，比如爱因斯坦的相对论颠覆牛顿经典力学带来的对物理学本质的重新认识，大概念通常就不会轻易改变。

核心问题是由大概念"翻译"而来的，也具有一定的稳定性，但它应该根据学生的认知水平与年龄特征相应地做出调整。正如前面所述，核心问题设计的一个重要原则就是"结合学情"。想要学生很好地回答核心问题，首先就应该让学生看懂它。

而核心任务则应该与时俱进，常变常新，最不具稳定性。很多核心任务的设计往往会结合时事或本地、本校的具体情况，没有哪个核心任务是放之四海而皆准的。比如，"写一份疫情时对小区居民的倡议书"这样的任务，现在就已无实施的可能性和必要性。又如，以北京十一学校"狂欢节"为背景设计的任务，在其他学校可能就需要改造或替换。当然，正因为核心任务不具有稳定性，才使其具有无穷的创造性。

| 第 12 讲 |

为完成核心任务
搭建脚手架

核心任务的特征和设计原则与方法讲完了，但对它的研究还要继续。

由于完成核心任务是大单元教学在实践层面最复杂的一个环节，所以对学生来说这是一项浩大的工程。如果我们将核心任务布置给学生后便不闻不问，任其自由探索，那么他们很可能就会在某个地方卡住，而裹足不前。

在把孩子扔进大海的同时，要丢给他一个救生圈。同理，教师要为学生完成核心任务提供强有力的支持和帮助。这些支持和帮助就像建楼时搭建的脚手架，学生拾级而上，才能攀上素养的山峰。

工 具

"工欲善其事，必先利其器"，完成任何一项工作，都离不开得心应手的工具。想要学生很好地完成核心任务，就需要给他们提供必要的工具。

工具类型多样，不拘一格，像我们熟悉的思维导图、人物关系图等都是。工具既可以借用、引用，也可以自行开发。总之，学生在完成任务时哪里有困难，就可以在哪里提供工具。

分类表

分类是研究问题的一种重要方法，有时分类清楚了，问题的本质就找到了。比如，在很多任务中，我们都会提出一系列问题。学生如果搞不清这些问题的属性，就无法准确回答。为此，老师们设计了问题分类表（如表12-1所示），帮助学生对林林总总的问题进行合理归类。

表 12-1　问题分类表

问题类型	答案来源	回答方向	作用
事实性问题	书上	谁、什么时候、哪里、做什么	能够将读者引入文本
引导性问题	字里行间	为什么、怎样、这样又如何	能够通过对作者的语气、表达的理解来评价作品
文本性问题	仔细看作者是如何通过语言来传递意义的	当作者写到……的时候，他想表达什么	能够分析语言和思想之间的关系
分析性问题	与其他文本、思想结合起来分析	它们有什么相同点/不同点/相关性	能够超越文本分析它与其他作品或现实情况之间的联系

鱼骨图

推进任务最重要的是找到主要因素。一个任务的实施会受到哪些因素影响呢？将这些因素按照相关性整理成层次分明、条理清楚的图形，这样的图形叫作因素分析图。因其形状如鱼骨，所以又叫鱼骨图。它可以帮助我们透过现象看到本质。

例如，对某种社会现象或某个社会问题，我们可以借助鱼骨图（如图12-1所示）分析其产生或形成的原因。

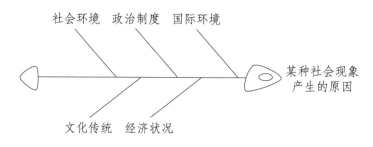

社会环境　政治制度　国际环境

某种社会现象
产生的原因

文化传统　经济状况

图 12-1　鱼骨图示例

写作汉堡包

　　小学刚接触英文写作时，学生往往随意堆砌学过的句式和单词，没有逻辑和条理。为解决这个问题，可以为学生提供一种称为"写作汉堡包"（如图 12-2 所示）的工具。这是一种写作的组织模型，可以让学生借助可视化图形将主题句、主体内容和结束句分开。

一篇文章如同一个汉堡包，中间夹什么很有讲究

主题句

细节 1

细节 2

细节 3

结尾

从一个介绍主题的句子开始，给出你的主要观点。

给出支持观点的证据或理由，包括一些具体的例子。

总结一下你的主要结论，作为结束句。

图 12-2　写作汉堡包

曲线图

阅读任务较长时，为了让学生更加方便地梳理主要情节，把握故事脉络，可以提供曲线图。比如，图12-3是《小英雄雨来（节选）》的情节曲线图。

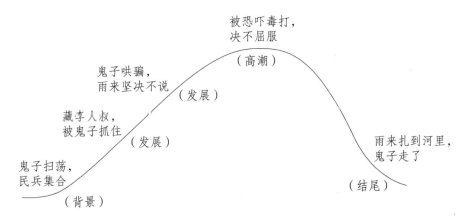

图12-3 《小英雄雨来（节选）》情节曲线图

流程图

流程图是表示系统的信息流、观点流或环节流的图形，可以清晰地表示出一个有逻辑的思维过程或操作过程。

例如，数学一些单元的核心任务，往往会着眼于解决生活中的现实问题，此时就要用到数学建模的方法。为了更好地帮助学生厘清数学建模的思路，可以提供下面的流程图（如图12-4所示）。

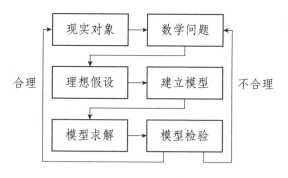

图 12-4　数学建模流程

坐标系

平面直角坐标系，也是一种对事物属性进行区分的有效工具。其中横、纵两条坐标轴，分别代表事物的两个维度，从左到右、从下到上，这两个维度的程度逐渐增强。这样，就把坐标平面分成四个象限。

比如，让学生完成以"合理分配时间与精力"为主题的核心任务时，为了让学生对自己当前所要做的各种事情有正确区分，可以提供如图 12-5 所示的事情分类坐标系。事情的属性认识清楚了，该如何分配时间和精力自然也就清楚了。

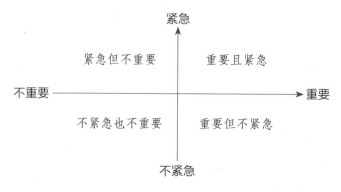

图 12-5　事情分类坐标系

还有一些工具不是针对学习内容，而是旨在解决完成任务过程中遇到的操作问题。

例如，很多核心任务需要小组合作完成，可在小组合作过程中，会出现分工不明确、互相推诿责任、产生意见分歧而无法继续、有的成员游离在小组之外等诸多问题。如何高效有序地合作成为困扰我们的重要问题。于是，老师们研发了一系列工具来解决这个问题。下面是"发言卡"和"讨论网"两个工具（如图12-6、图12-7所示）①。

发言卡——鼓励团队所有成员平等交流

图12-6　发言卡

发言卡有以下使用规则：

发言前，小组成员每人手中都有三张卡片。

只要发一次言，就将手里的一张卡片放回桌上。

用完三张卡片后，不允许再发言。

如果大家手里的卡片都用完了，每人可以再拿三张，新一轮发言开始。

---

① 这两个工具由马超、刘融、荆双伟等老师设计。

讨论网——保证所有成员都参与讨论

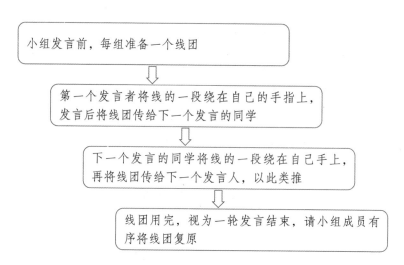

小组发言前，每组准备一个线团

第一个发言者将线的一段绕在自己的手指上，发言后将线团传给下一个发言的同学

下一个发言的同学将线的一段绕在自己手上，再将线团传给下一个发言人，以此类推

线团用完，视为一轮发言结束，请小组成员有序将线团复原

图12-7 讨论网使用方法

谁被缠绕的次数最多就是发言最多的，谁被缠绕的次数最少就是发言最少的。此外，我们还可进一步分析，有没有谁只喜欢在别人发言前或发言后发言，最后能否将线团复原。

量 规

量规是对核心任务的完成成果或表现进行层级评估的一套标准，表12-2是九年级上历史"'一战'后的国际关系"单元核心任务"模拟'四国秘密会谈'"的评估量规。

表 12-2　模拟"四国秘密会谈"量规 [①]

层级 维度	待改进	良好	优秀
史实依据	仅能陈述符合时空背景的本国诉求，缺乏史实依据	陈述本国诉求时能做到史论结合、论从史出	在"良好"基础上，不是对史实的简单重复，而是有自己基于史实的理解
表达规范	陈述意思明确，无歧义	能使用学科语言	在"良好"基础上，陈述具有概括性
逻辑顺序	陈述基本围绕本国利益展开，逻辑错误少于两处	陈述无逻辑错误，能抓住此历史阶段的主要矛盾	在"良好"基础上，陈述逻辑关系清晰，围绕主要矛盾展开，立场明确，能体现此阶段历史的本质
谈判风度	有一定的观点、态度，偶有打断他国代表发言的现象，或不能有理有据地进行反驳	本国立场、态度鲜明，善于倾听	本国立场、态度鲜明，反驳他国代表观点时准确，善于倾听，有外交风度

乍看起来，量规有点儿类似于试卷的评分细则。然而，评分细则在考试前学生通常是看不到的。因为它指向学生答题的结果，而且这个结果在评分时是不允许改动的。换句话说，评分细则仅仅是评判学生学习结果的一个工具。

量规则不同，它是随着核心任务一起发给学生的。学生在完成任务的过程中，可以随时使用，看看自己完成的部分哪一项是"优秀"，哪一项是"良好"，哪一项暂时处于"待改进"状态，并据此不断矫正或完善自己的成果。这样，量规就成为帮助学生完成任务的脚手架，而不是教师评价的工具。

---

① 本量规由曲彦霞、林雪松、闫红卫、邵泽慧、郝沁源等老师设计。

量规通常可以做成表格，其中"列"表示不同的评估维度，而"行"表示同一维度的不同层级。其大致结构如表12-3所示。

表12-3 量规的一般结构

维度 ＼ 层级	层级一	层级二	层级三
维度一			
维度二			
维度三			

所谓维度，就是一个任务的完成情况应该从哪些方面去评估。这些维度要结合具体任务确定，尽量做到科学准确。

所谓层级，类似于我们平时所说的优秀、良好、及格等，可以给这些层级起个更具学科特色的名字。例如，历史学科可以叫作"状元""举人""贡生""秀才"等，或者用现在流行的"王者""黄金""白银""青铜"等。

那么，什么样的量规才是好量规呢？这里，我们给出一个类似量规的评估标准（如表12-4所示）。

表12-4 量规的评估标准

维度划分	统一性：各维度在统一的分类标准下处于并列地位	
	独立性：维度是独立的、不同的，不存在内容重叠	
	全面性：完整、全覆盖地表述评估对象的各维度，无遗漏	
层级划分	表现性：各层级描述的是外显的，可被感知、观察的行为或表现	
	区分性：各层级按照逻辑顺序排列，有鲜明的区分度	
	广泛性：层级描述涵盖从一个极端到另一个极端的各种表现	
语言表述	准确性：语言科学准确，符合学科特点	
	简洁性：语言简洁明了，通俗易懂	

子任务

我们还可以通过设置子任务，来帮助学生解决核心任务的难点。

有些老师可能会认为，子任务就是核心任务的"分解动作"，每个子任务都是核心任务的一个步骤、一个阶段或者一个方面。比如，核心任务是写一篇报告，那么撰写报告的每一部分就是一个子任务。

事实上，这样理解是不全面的，子任务不一定是核心任务的组成部分。我们借助下面的例子来说明设置子任务的意义。

这是前面曾提到的八年级下数学"数据的收集与处理"单元的核心任务：

撰写食堂窗口合理设置提案

一年一度的学生代表大会即将召开，作为一名大会代表，你负责的是食堂窗口合理设置提案撰写工作。请你组织本组成员开展工作，运用所学的统计学知识和提案书写格式，最终形成一份有理有据、表述清晰、建议有效的提案。

为了帮助学生顺利完成这个核心任务，我们设置了三个子任务：

1. 请你为一篇文字报道配上适当的统计图或统计表。
2. 调查拉面窗口受欢迎的程度。
3. 选择一则新闻，对其中的数据及解读提出质疑，并提出改进方案。

可以发现，这三个子任务都不是核心任务的一部分，甚至有的看起来与核心任务关联不大。

那么，为什么要设置这三个子任务呢？

主要是基于对核心任务重点和难点的深入分析。

首先，这个核心任务的最终目标是说服学生代表大会代表认同并通过这个提案。那么，什么样的提案才有说服力呢？其中一个关键就是用数据说话。而想要人们快速理解数据，就要选择图表这种形象、直观的形式。所以，如何把数据用统计图表呈现出来，就成为优秀提案的一个重要标准。这也是设置第一个子任务的原因。

其次，提案中的数据从哪里来？自然是通过实地调查收集而来。那么，如何才能既准确又便捷地收集数据？收集数据需要哪些步骤，又需要注意什么问题？这些需要通过完成第二个子任务来逐步体会和总结。从对单一食物、单一窗口的调查中获得的策略与方法，会成为进行核心任务调查时的重要经验。

最后，提案中的结论要经得住大会代表的推敲和质疑。这就要求学生提前转换角色，学会寻找自己提案的不足。只有这样，学生才能带着批判性思维去撰写和审视自己的提案，努力使最终形成的提案无懈可击。这就是第三个子任务的设置意图。

由此可见，子任务实际上是一些独立的小任务，其设置背景、要求、产品形式都可以与核心任务不一样，但都指向完成核心任务的关键或困难。所以说，子任务与核心任务不同，它不一定是单元学习的必经之路，但却是更顺利完成核心任务的脚手架。

三个完整的大单元教学设计

这一讲我们一起来看三个完整的大单元教学设计。通过这些案例，我们可以将前面各个环节串联成一个有机整体。每个案例只选择了"提炼大概念""转化成核心问题""设计核心任务"这三个最重要的环节。

语文"事理说明文"大单元教学设计①

大概念的提出

八年级下"事理说明文"单元，我们提出了下面的大概念：

● 事理说明文用准确而生动的文字说明现象背后的本质和原因，具有逻辑和人文双重的思想美。

在很多人眼里，与小说、散文相比，说明文是一种相对枯燥的文体。事实上，驾驭说明文并不容易。一方面，说明文的文字要科学准确，有一定的专业性；另一方面，想要起到科普作用，文字就要生动有趣，具有良好的可读性。正如叶圣陶先生所说："说明文不一定就是板起面孔来说话，说明文未尝不可带一点儿风趣。"②

---

① 本案例改编自王星懿、陈贺等老师的设计。

② 叶圣陶. 文章例话：好文章究竟好在哪里 [M]. 北京：开明出版社，2021：56.

说明文正是通过准确而不失生动的语言向学生传递知识，锻炼他们的探究精神和逻辑思维，提高他们的语言表达能力，甚至激发他们的审美感受。

在学习本单元之前，学生已经学习过事物说明文，并掌握了一些基本的说明方法。本单元侧重于事理说明文的学习，涉及物候学、地质学、生态学等领域。以分析事物的因果关系、介绍科学道理为主的说明文叫作事理说明文。与事物说明文不同，事理说明文主要是说明一个道理或一种现象，回答"为什么"的问题。

本单元有《大自然的语言》《阿西莫夫短文两篇》《大雁归来》等事理说明文。其中《大自然的语言》侧重认识事理，初步感知事理说明文；《阿西莫夫短文两篇》则突出事理的推理过程，展现了科学思维方式的强大力量；《大雁归来》是按照时间顺序写作的一篇科学观察记录，自然优美，可以让学生意识到，说明文不是冰冷、枯燥的文字，而是逻辑美与人文美的统一。

核心问题的转化

为了使学生达成对大概念的理解，我们将其转化成以下核心问题：

事理说明文是怎样的一类文章？它"美"在哪里？

这是对大概念的呼应。随着学习的推进，学生可以从语言的准确专业和生动通俗两个看似对立又相互统一的维度进行论述与表达，也可以从说明的逻辑顺序等谋篇布局角度进行阐释。这个核心问题既有很明确的方向，又有很大的思考空间。

核心任务的设计

以下是我们设计的核心任务：

5月将迎来学校的科技节，为了普及科学知识，培养更多校园科学爱好者，八年级将启动"北斗科普周"活动，作为主创团队的你们，需要完成科普周的活动流程和内容。

请以小组为单位，进行合理分工，结合自身知识储备和兴趣点，请教物理、化学、地理、生物等学科老师，确定科普选题和科普内容，完成图文并茂、逻辑清晰、知识准确的科普文章或科普短视频。优秀作品将在"北斗科普周"活动中在年级墙进行展示，活动结束后辑录成册，以《北斗科普》杂志的形式投放到各个教学班，供同学们浏览学习。

这个核心任务是参考GRASPS框架设计的（如图13-1所示）。

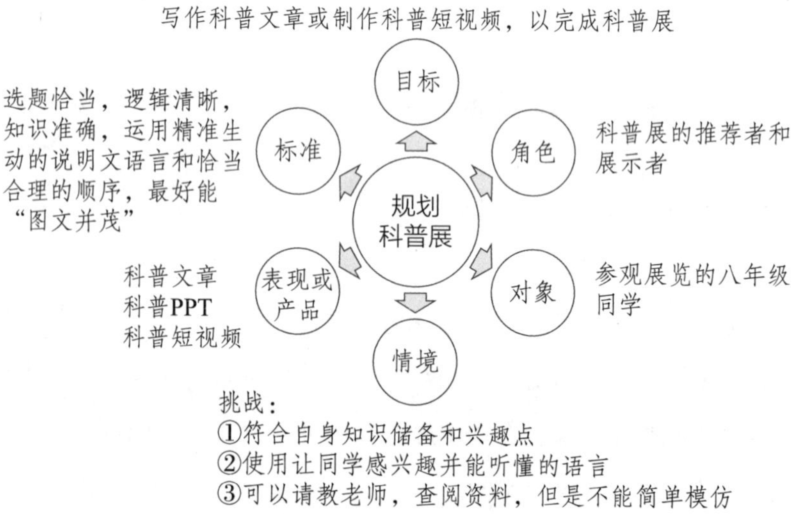

图 13-1 核心任务"规划科普展"GRASPS 分析

我们为核心任务制定的评估量规如表 13-1 所示。

表 13-1　核心任务"规划科普展"量规

层级 维度	优秀	良好	待改进
内容	1. 能够用准确的语言表达需说明的事理 2. 能够根据表达的需要，围绕事理多角度筛选恰当的材料	1. 能够表达出需要说明的事理，但对其本质的理解还不够准确 2. 能够根据表达的需要，选择具体的材料，但存在材料过多、过少或不准确的情况	1. 没有清晰的事理，或表达不够清晰 2. 筛选的材料与说明的事理不匹配
结构	1. 说明事理时，能够运用恰当的说明顺序整合、组织信息 2. 推断事理时，能够运用科学的思维方式，呈现出清晰的逻辑；推理严密，过渡自然	1. 能够运用说明顺序展开说明，但顺序与所说事理不完全匹配 2. 能够呈现对事理的科学推断，但逻辑不够清晰严谨	1. 文章结构混乱，没有明显的说明顺序 2. 逻辑不清晰，缺少过渡
语言	1. 能够关注读者的认知情况，语言生动且准确，有一定的可读性、趣味性 2. 能够根据需要，综合运用多种表达方式，尤其是说明方法，说明事理	1. 未能充分关注读者的认知情况，语言比较准确，但不够生动 2. 能够比较恰当地运用相应的说明方法，运用两种以上表达方式说明事理	1. 未关注读者的认知情况，语言枯燥，或过于随意，不够准确 2. 较少或没有运用恰当的说明方法

在学生完成核心任务及子任务的过程中，我们还提供了"事理说明'三法宝'"和"事理说明的一般逻辑顺序"两个工具（如图 13-2、图 13-3 所示）。

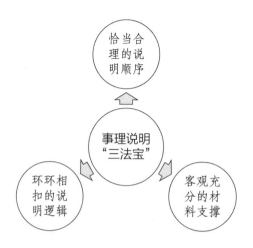

图 13-2 事理说明"三法宝"

图 13-3 事理说明的一般逻辑顺序

数学"平行四边形"大单元教学设计

大概念的提出

八年级下数学"平行四边形"单元，我们提出的大概念如下：

● **研究图形就是研究组成图形的基本元素间的数量关系和位置关系。**

平行四边形以及特殊的平行四边形（矩形、菱形和正方形）是初中几何的重要学习内容。这一单元在前面学习了平行线、三角形的基础上，主要研究平行四边形及各种特殊平行四边形的概念、性质和判定方法。这一单元的特点是结构宏大，涉及定理众多，它是平面几何直线形的"集大成者"。

然而，通过这个单元的学习，只是为了让学生掌握这些定理吗？平行四边形已经如此复杂，那么其他图形呢？是否需要研究全部四边形甚至多边形呢？事实上，平行四边形只是我们研究几何图形的一个载体，我们希望学生理解的是研究一个几何对象的基本思路。那么，这个基本思路是什么呢？

首先，图形都是由边和角这些基本元素组成的。所谓图形的"性质"，实际上是指组成图形的基本元素的特征。所谓图形的"判定"，也是通过这些元素的特征来判断并确定一个图形是否为某种特定图形。

其次，图形基本元素的特征归根结底是元素之间的关系。这些关系归纳起来有两种：数量关系和位置关系。也就是说，研究图形实际上是研究组成图形的基本元素间的数量关系和位置关系。

更深入一些，我们还会发现，图形基本元素间的数量关系和位置关系往往不是孤立的。在一个图形中，数量关系往往会决定位置关系，反之亦然。两者经常相互转化，并彼此制约。

核心问题的转化

为了使学生达成对大概念的理解，我们将其转化成以下核心问题：

我们应该怎样研究一个几何图形？

回答这个问题，要考虑以下有递进关系的几点。

首先，要明确研究一个几何图形需要研究什么。最终可归结为"何谓此图形（概念）""此图形有何特征（性质）""为何是此图形

（判定）"。

其次，要思考无论是概念、性质还是判定，都是描述组成这个图形的元素间的关系。三角形的组成元素主要是边、角，以及高、中线、内角平分线等；四边形的组成元素主要是边、角、对角线等。

再次，需要感受这些元素间的关系主要表现为数量关系和位置关系。数量关系主要表现为长度，可以是相等关系，如平行四边形的对边相等、对角线互相平分；也可以是不等关系，如三角形两边之和大于第三边；还可以是倍半关系，如三角形中位线定理。位置关系主要表现为平行、垂直等特殊的位置，往往用角度来刻画，如平行四边形的对边平行（邻角互补）、矩形的邻边互相垂直（四个角都是直角）等。

最后，能体会数量关系和位置关系不是两个独立的研究视角，它们是相互联系的。例如，三角形中位线定理——"三角形的中位线平行于第三边且等于第三边的一半"，就同时包含了数量关系和位置关系。再如，正是平行四边形对边互相平行，才使对边分别相等。数量关系和位置关系彼此影响与制约，是数学的基本观念，在今后的几何（如三角函数等）学习中还会不断出现。

核心任务的设计

想要追求学生对大概念和核心问题的理解，就不能简单回忆和再现已学图形的知识，而是要看学生在新的情境下，能否将研究平行四边形的方法迁移到其他图形的研究中。因此，我们为本单元设计了下面的核心任务：

假设"四边形"这一章还有一节是"筝形"（或"直对角四边

形"），如果你是一位教材编写者，请你仿照现有教材的格式和表述方式，撰写这一节（2—3课时）的内容，并附上一定的说明。

相关资料（以下两种四边形二选一或分组实施，教师亦可自行设计一种四边形供学生探究）如下：

筝 形

如图，四边形 $ABCD$ 中，$AB=AD$，$CB=CD$，这样的四边形我们称为筝形.

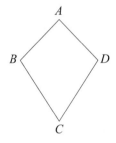

请你根据之前研究平行四边形、矩形、菱形、正方形的思路和教材编写结构，开展对筝形的研究.

直对角四边形

如图，四边形 $ABCD$ 中，$\angle ABC=\angle ADC=90°$，这样的四边形我们称为直对角四边形. 直对角四边形也称为泛矩形. 其中，对角线 AC 也叫直对角四边形的直径.

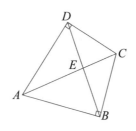

请你根据之前研究平行四边形、矩形、菱形、正方形的思路和教材编写结构，开展对直对角四边形的研究.

这个核心任务是参考 GRASPS 框架设计的（如图 13-4 所示）。

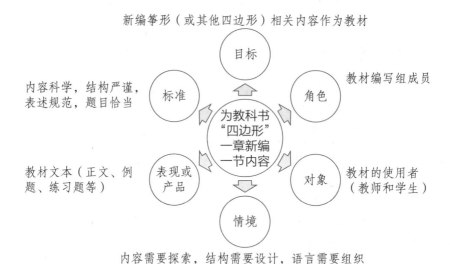

图 13-4　核心任务"为教科书'四边形'一章新编一节内容"GRASPS 分析

可以看到，这个任务指向研究方法的迁移运用，是指向理解的学习活动设计。学生在完成任务过程中的表现会有差异，他们所能得出的性质和判定方法的数量与质量也不尽相同，但这些差异恰恰能很好地反映学生对这些研究方法的理解程度，从而使教学在引领学生不断理解的同时，帮助他们积累数学活动经验，提升数学思维。通过完成这样的指向大概念与核心问题的任务，学生对核心问题就会持续进行思考并不断回答，从而获得对大概念的理解。

地理"农业"大单元教学设计[①]

大概念的提出

八年级地理"农业"单元，我们提出的大概念如下：

因地制宜、科技强农、产业兴农是农业可持续发展的必由之路。

地理是研究地理环境以及人类活动与地理环境关系的学科。地理学科核心素养由人地协调观、综合思维、区域认知和地理实践力构成。其中，人地协调观（可持续发展观）是地理课程内容蕴含的最核心的价值观，它包含正确的人口观、资源观、环境观和发展观。因此，地理知识的学习是促进学生理解可持续发展观的重要途径。

《义务教育地理课程标准（2022年版）》有关农业的内容有这样的论述："运用地图和相关资料，描述中国水资源、土地资源、矿产资源和海洋资源等自然资源的主要特征，举例说明自然资源与人们生产生活的关系，认识开发、利用、保护自然资源的重要意义。"[②]"借助地图和相关资料，举例描述中国农业、工业等生产活动的分布，并用实

---

① 本案例改编自王晓玥、李岳、徐希阳等老师的设计。

② 中华人民共和国教育部. 义务教育地理课程标准：2022年版 [M]. 北京：北京师范大学出版社，2022：16.

例说明科学技术在产业发展中的重要作用。"[①]"运用地图和相关资料，说出某区域的地理位置和自然地理特征，说明自然条件对该区域经济社会发展的影响，认识因地制宜的重要性。"[②]分析课程标准可以得出，"我国农业分布特点""因地制宜发展农业""自然地理环境对农业的影响"是"农业"单元的重点内容。然而，与农业相关的内容分散在教材不同的单元中，碎片化的教学难以让学生从宏观上深入理解农业这一复杂的产业概念。学生在学习四大地理区域的农业时，常常感到内容重复且易混淆。

例如，人教版八年级地理教材与农业相关的章节目录如下：

第四章　中国的经济发展

　　第一节　交通运输

　　第二节　农业

　　第三节　工业

第五章　中国的地理差异

第六章　北方地区

　　第一节　自然特征与农业

　　第二节　"白山黑水"——东北三省

　　第三节　世界最大的黄土堆积区——黄土高原

　　第四节　祖国的首都——北京

第七章　南方地区

　　第一节　自然特征与农业

　　第二节　"鱼米之乡"——长江三角洲地区

---

①② 中华人民共和国教育部.义务教育地理课程标准：2022 年版 [M].北京：北京师范大学出版社，2022：16，17.

事实上，农业作为人类在自然环境下的生产实践，与自然地理和人文地理的多个要素相联系，对农业的系统学习有助于学生地理核心素养的提升。因此，我们对初中地理农业相关内容进行了整合与重构（如图13-5所示）。

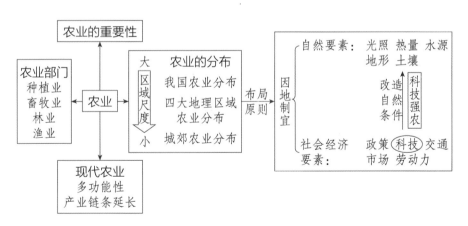

图13-5 "农业"单元内容

核心问题的转化

为了使学生达成对大概念的理解，我们提出了相应的核心问题：

如何实现某一地区农业的可持续发展？

对这个问题，学生可以借助四大地理区域（北方、南方、西北、青藏）不同的农业发展路径进行归纳与概括，加以回答。首先，因地制宜是基于地理环境与要素的考虑，是农业发展的首要原则。其次，科技对农业的推动作用，体现了人在自然改造中的主观能动性，同时这也可以使学生进一步体会科学技术的边界和限度。这一认识成为可持续发展理念的重要组成部分。

从地理学科核心素养培育角度看，通过了解整个中国的农业分布和区域差异下不同地区农业分布（区域认知），综合分析各自然要素和社会经济要素对农业生产的影响（综合思维），总结因地制宜发展农业的必要性（人地协调观），学生可以明白运用科学技术能帮助我国解决当前农业发展的实际困境（地理实践力），进而形成可持续发展观（如图13-6所示）。

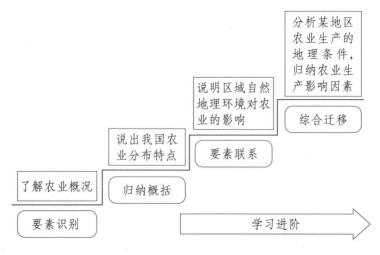

图13-6 "农业"单元学生认知水平进阶图

核心任务的设计

我们设计了以下核心任务:

凝心聚力　爱心助农

近年来,我国很多地区结合当地自然条件,发展特色农业助力经济发展。然而,受疫情影响,大量优质农产品滞销,很可能导致当地特色农业难以为继。为此,学校计划举办"爱心助农"义卖活动,将师生购买一些地区农产品的收入纳入"海棠爱心基金",用来帮助这些地区。

目前,学校计划帮扶8个县销售特色农产品。为吸引更多师生加入,请选择你想帮助的县,结合该县特色农产品的生长习性和当地的自然环境,在义卖活动中向全校师生现场推荐农产品。

我们将这个核心任务分解成了四个子任务,如图 13-7 所示。

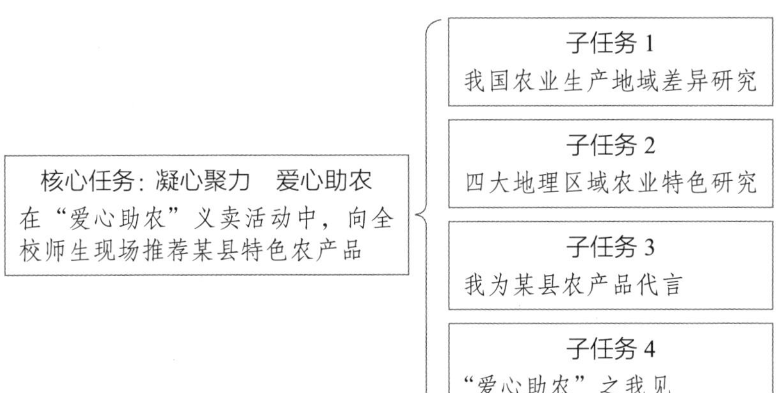

核心任务: 凝心聚力　爱心助农
在"爱心助农"义卖活动中,向全校师生现场推荐某县特色农产品

子任务 1
我国农业生产地域差异研究

子任务 2
四大地理区域农业特色研究

子任务 3
我为某县农产品代言

子任务 4
"爱心助农"之我见

图 13-7　"农业"单元子任务设计

我们还做了和子任务相应的课时规划，如表 13-2 所示。

表 13-2 "农业"单元课时规划

子任务	课时规划
1. 我国农业生产地域差异研究	1 课时，计划：从宏观尺度认识我国农业生产的地域差异及影响因素，初步了解各县所属农业区域
2. 四大地理区域农业特色研究	2 课时，课时 1 计划：从中观尺度分析四大地理区域（北方地区和南方地区）自然地理环境对农业生产的影响，进一步了解各县农业生产的有利因素和限制因素
	课时 2 计划：从中观尺度分析四大地理区域（西北地区和青藏地区）自然地理环境对农业生产的影响，进一步了解各县农业生产的有利因素和限制因素
3. 我为某县农产品代言	1 课时，计划：结合农产品的生长习性和当地的自然环境，分析各县生产特色农产品的优势条件，并为特色农产品设计宣传文案，绘制宣传海报
4. "爱心助农" 之我见	1 课时，计划：通过科技强农和产业兴农案例，从微观尺度分析社会经济要素（特别是科技）对农业生产的影响，从农业角度为当地经济发展提出几点建议（因地制宜、科技强农、产业兴农）

| 第 14 讲 |

大单元教学的评估

无论过去还是现在，教学评估都是教学实践中非常重要但却较为困难的环节。

《义务教育课程方案（2022 年版）》一个重要的变化是，明确提出了"教—学—评一致性"的思想。所谓"教—学—评一致性"，是指在整个课堂教学系统中教师的教、学生的学和对学生学习的评价三个因素的协调配合程度①。

与评估知识和技能相比，对素养导向的大单元教学进行评估更加困难，但这种评估却更加重要。辛辛苦苦设计大单元，热热闹闹完成核心任务后，学生的学科关键能力与必备品格真的得到提升了吗？这是摆在我们面前的非常现实的问题。

教学评估

教学评估，也称教学评价，通常是指依据既定目标对教与学的过程及结果进行价值判断，并为教学决策提供服务。教学评估是对教学活动的价值做出判断的过程，是研究教师的教和学生的学的价值与效果的过程。这里所说的价值与效果，有些是直接的、当下的，有些是潜在的、长远的。

教学评估一般包括形成性评估（过程性评估）和终结性评估（结

---

① 崔允漷，雷浩. 教—学—评一致性三因素理论模型的建构 [J]. 华东师范大学学报（教育科学版），2015（4）：15–22.

果性评估）两种形式。对过程的评估通常采用定性方法，通过观察、对话、问答等方式，突出评估者的主观感受与判断；而对结果的评估则多采用问卷、测量等方式，偏重定量方法，通过对客观数据的量化处理来得出结论。当然，评估方法的选择和运用不是绝对的。要针对不同内容、结合不同情况来选择和运用这些方法，而且它们往往要相互结合，并能相互印证。

关于教学评估，还需要厘清两个问题：何时设计评估？何时进行评估？

从评估设计后置到评估设计先行

在课程四要素中，评价是最后一个要素，所以往往最后着手设计，这就使得评估标准会随着之前的教学情况而发生变化，产生偏差。

近年来，一些学者提出了评估设计需要前置的观点。威金斯和麦克泰格构建了一个称为"逆向设计"的单元教学模板。与传统的教学过程不同，"逆向设计"的过程如表 14-1 所示。

表 14-1　逆向设计 [①]

阶段一 确定预期结果	阶段二 确定合适的评估证据	阶段三 设计学习体验和教学
如果预期目标是……→	然后证明学习者能够……→	然后学习活动要……

这种设计能够帮助教师和学生很好地锁定最初制定的素养目标，

---

① 威金斯，麦克泰格. 追求理解的教学设计：第二版 [M]. 闫寒冰，宋雪莲，赖平，译. 上海：华东师范大学出版社，2017：19.

威金斯，麦克泰. 理解为先模式：单元教学设计指南：一 [M]. 盛群力，沈祖芸，柳丰，等，译. 福州：福建教育出版社，2018：11.

并使教与学活动始终围绕这个目标展开，不仅可以大大提升评估深度，还可以更好地实现"教—学—评"一体化。

从先教后测到教、评同行

一般来说，评估往往在整个单元学完之后才进行。这具有明显的滞后性，常常是教师从评估结果中发现问题，但单元学习已经完成，从而错失调整教学的时机。

为了解决这个问题，有学者提出教学过程与评估过程需要"同行"的观点。教学过程一直伴随着评估，时时评估，处处评估。这可以使教师能够及时发现学生学习中的问题，从而对教学做出动态调整。

需要指出的是，这种"伴随性"评估并非由一些细节问题或随堂小测构成。评估从"知识本位"转向"素养导向"，一个明显的差异就是评估深度不同。它不仅是"对学习的评价"，还是"为了学习的评价"和"作为学习的评价"[1]，强调评估本身就是单元学习的一部分。

对素养的评估，需要在思考直击学科本质的问题、解决有挑战性的真实任务过程中进行。知识和技能也许可以"堂堂清""段段清"，而素养的形成则需要持久而深刻的体验过程。

大单元教学评估的原则

大概念统领下的单元教学是为了落实核心素养，这就决定了对它的评估也一定是素养导向的。大概念是学科核心素养在单元中的"投

---

① 熊梅，王艳玲，邓勇，等.素养导向单元学习评价的意义、特征和策略 [J]. 中国教育学刊，2022（12）：81-87.

影"，因此，评估大概念理解的达成程度就成为大单元教学评估的关键。

从这个意义上看，大概念统领下的单元教学评估需要遵循以下三个原则。

关注过程，而不仅是关注结果

与知识和技能的外显相比，素养往往是内隐的。单一的指标或孤立的证据，无法支持对学生核心素养的准确评估。这就需要我们时刻关注学生的学习进展及其在学习过程中的感受与体验。既要重视学生在特定任务情境下生成的结果或产品，也要重视学生在生成这个结果或产品过程中的所思所想和反思调整。需要通过收集多方面的信息，来判断学生对大概念理解的达成程度。

解决问题，而不仅是解题

素养是学生面对真实问题时的整体表现，包括调用知识的能力、运用策略的能力、选择思维方式的能力和自我反思调控的能力等。有时，解出有"套路"的试题并不能完全说明学生达成了对大概念的理解。因此，不能仅仅依靠一些传统意义上的单元测试题来评估大单元教学效果。这也是我们为什么要在大单元教学中设计核心任务的原因。

理解本质，而不仅是学习技能

学生对大概念的认识，很难通过单纯的"做"体现出来，往往需要更多思考和表达。有时，学生未必能完美地做出题目或完成任务，但这并不表示学生没有理解大概念的内涵。通过追问核心问题及与其相关联的其他重要问题，同样可以让学生逐渐接近学科本质。从关注"术"到关注"道"，是大单元教学评估时，我们要做出的一个重要思想转变。

大单元教学评估的方法

基于上述原则，进行大概念统领下的单元教学评估，主要有以下几种方法。

对核心问题回答情况的评估

核心问题是大概念的"谜面"，学生"猜谜"的准确和贴切程度，可以体现他们对大概念理解的达成程度。因此，对核心问题的回答本身就是对大单元教学效果的评估方式之一。

前面说过，为了留下学生对核心问题的思考痕迹，我们可以设计相应的核心问题回答情况记录单，或就核心问题对学生进行访谈。怎样的回答说明学生对大概念的理解更深刻呢？这通常需要教师的主观判断。如果想让我们的判断更科学、更客观，可以设计一些关键词或关键句作为判断依据。假如有条件，也可以利用一定的编码技术进行后期处理和分析。

例如，八年级下数学"数据的收集与处理"单元，我们提出了这样的大概念：**同一统计事件每次收集的数据可能会不同，但样本越"好"，与总体数据的结构就越相近。**我们设计了相应的核心问题：如何理解统计过程中数据的"变"与"不变"？一位学生对这个核心问题的回答情况以及对该生回答情况的评估如表 14-2 所示。

表14-2　一位学生对核心问题的回答情况以及对该生回答情况的评估[1]

次别	对回答情况的整理	对回答情况的分析与评估
1	收集和处理数据使用的方法是会变的，但是反映出来的数据特征是不变的	停留在绘制统计图表等方法选择的多样性和呈现结果的一致性上
2	数据的总体趋势是稳定的，但是每次抽取的样本及其中的个体不一样	开始关注抽样与样本，说明已经理解了抽样调查的含义
3	统计抽样的方法可能会改变，还会影响抽样的效果，但是数据总体是相对不变的	开始关注抽样的具体方法，知道样本的选择有"好""坏"之分
4	不变的是统计的方法与思想，变化的是具体的问题和数据	有些偏离大概念与核心问题，但是指出了统计的思想与方法是一以贯之的，同时体现了对统计学的认识在逐渐走向深刻
5	不同的人针对同一个问题进行调查，得到的样本数据往往是不同的、变化的，但他们根据不同数据得出的结果一般相差不大，没有发生变化	基本上阐述出了抽样调查的要义和本质，与大概念所表达的内涵基本一致，即样本是随机性与稳定性的辩证统一

对核心任务完成情况的评估

我们在谈到核心任务的主要特征时，曾指出其具有"可评估性"。也就是说，核心任务完成情况本身就是一种评估方式，完成任务的过程就是目标达成的过程。这正体现了"学习即评价"这一大单元教学评估的基本思想。

那么，如何评估核心任务的完成情况呢？

首先，核心任务评估量规起着重要作用。这就要求量规具有较强

---

① 表中关于核心问题回答情况的文字是学生的真实回答，只订正了个别错字。

的可操作性，让我们能够通过对应不同维度的层级标准，较为准确地观测核心任务的完成情况。例如，九年级下历史"第二次世界大战"单元，教师设计了"完成'卡廷惨案'调查论文"的核心任务。该核心任务的评估量规如表14-3所示。

表14-3 "完成'卡廷惨案'调查论文"量规 [①]

维度＼层级	实习探员	合格警探	成熟警长	福尔摩斯
证据关注	史料覆盖片面	史料覆盖比较全面，1—2则史料信息有遗漏	史料覆盖全面，信息无遗漏	史料覆盖全面，信息无遗漏且挖掘深刻
证据分析	只是罗列证据，没有分析	能够结合战争本质分析证据的主观色彩，能够结合二战进程分析证据（具备其中一个方面）	能够结合战争本质分析证据的主观色彩，能够结合二战进程分析证据	在前一层级的基础上，进行逻辑推理，关注到证据之间的关联
宏观把握	对二战进程没有把握	对二战进程有把握，但是没有应用	对二战进程有把握，且应用准确	对二战进程有把握，且应用准确
调查总结	无总结	有立足于事件的总结	有立足于史料使用方法的总结	有立足于史料使用方法和为什么要用这种方法的总结
事件叙述	时空与人物叙述不够准确	时空与人物叙述较为准确	时空与人物叙述准确、全面	时空与人物叙述准确、全面、细致
文字呈现	文字不够通顺，有语病，用词欠妥	行文通顺，用词较恰当	行文较流畅，用词较准确，符合学科特点	行文流畅，措辞严谨，符合学科特点

① 本案例由邵泽慧老师设计。

需要注意的是，运用量规进行评估的主体多数情况下是学生，而非教师，这是学生完成任务时的一种自我监测与自我调控。这个评估是伴随任务随时并多次进行的，而非任务结束时的"一锤定音"。

除了运用量规进行评估外，还需要在任务完成时，以某种公开方式，给学生提供机会，让他们对自己在任务完成过程中的表现或形成的产品进行展示。这是因为学生自己对任务完成过程中的表现或形成的产品的解释，可以给评价者提供反思对学生反应的认识和理解是否合理的依据。公开展示还有助于学生更为深刻地反思自己的问题解决过程，审视自己所持观点或方法的合理性，从而将评价过程变为一种学习机会。①

我们还应记录不同学生在完成核心任务过程中的行为、表现、提出的建议、失败的教训等过程性资料。这也有助于我们全面了解学生的所思所想，以便准确判断其素养达成情况。

教育测量与实证研究

教育测量通常是根据一定的理论、规则，运用一定的测量工具对教育对象进行量化描述的过程。

实证研究，是指基于事实、客观现象、数据进行系统验证，从而得出结论的研究，即基于事实和证据的研究。其显著特征是以数据为依据，结论的得出靠证据，而不是靠"我们认为……"或者"谁谁说过……"。这里的数据不仅包括可计算的定量数据，也包括通过问卷、观察、访谈获得的文字资料等定性数据。

---

① 杨向东. 核心素养测评的十大要点 [J]. 人民教育，2017（Z1）：41-46.

我们以语文"事理说明文"单元①为例，来说明实证研究的一般过程。

1. 结合学习目标确定评估要点。

所谓评估要点，即评估的观测点，也就是整个单元学习中需要评估的关键达成指标。可以用陈述句或疑问句呈现。（如表 14-4 所示）

表 14-4 "事理说明文"单元教学评估要点

评估要点 1	准确筛选文章的主要信息，理解其中阐述的事理
评估要点 2	理清文章的说明顺序，梳理文章内在的逻辑关系，理解事理说明文的逻辑性
评估要点 3	激发学生的探索精神，培养学生理性思考、自主探究的习惯
评估要点 4	准确筛选材料，运用恰当的说明顺序、说明方法与说明语言逻辑清晰地说明事理

2. 根据评估要点设计评估指标。

所谓评估指标，是指基于课程标准、指向评估要点、描述学生某一素养或能力方面的行为表现的一系列指标。好的评估指标应该聚焦核心素养（大概念）的维度，用输出性行为动词清晰地表达评估要求，并将其细化为不同水平的要求。

---

① 此单元教学设计者参见本书第 13 讲，该实证研究的设计与实施同样由他们完成。

表 14−5 "事理说明文"单元教学评估指标

评估要点	评估指标	认知层级 / SOLO 水平 [1]
准确筛选文章的主要信息，理解其中阐述的事理	1. 能用恰当的方法准确获取信息	理解 / 单点
	2. 能从多角度、多方面获取信息	理解 / 多点
	3. 能区分主要信息与次要信息、材料与事理，并根据某个目标进行信息筛选	辨析 / 关联
	4. 能比较、综合信息，理解事理	归纳 / 扩展
	5. 能运用理解的事理解决新情境中的问题	实践（运用）/ 扩展
理清文章的说明顺序，梳理文章内在的逻辑关系，理解事理说明文的逻辑性	1. 能知道、说出常见的说明顺序：时间顺序、空间顺序、逻辑顺序（从主要到次要、从现象到本质、从概括到具体、从原因到结果……）	识记 / 单点
	2. 能解释文本的内在关联，比如准确画出说明文的思维导图或逻辑推理图	理解 / 关联
	3. 能比较、分析文章逻辑推断的合理性	理解 / 关联
	4. 能归纳分析推理的基本方法，并用这些方法进行自己的判断与推理	归纳、运用 / 扩展
激发学生的探索精神，培养学生理性思考、自主探究的习惯	1. 能知道、说出分析推理的基本方法和科学探索的方法	理解 / 多点
	2. 能分析、比较，用科学的思考方法建立内容之间的关联，说明事理	实践（运用）/ 扩展
	3. 能对文本内容和形式（推理方式）提出合理质疑，展开联想，找出相关证据支持自己的观点	归纳（论证）/ 扩展
准确筛选材料，运用恰当的说明顺序、说明方法与说明语言逻辑清晰地说明事理	1. 能知道、说出常见的说明顺序、说明方法	识记 / 单点
	2. 能结合文本，分析说明语言的作用与效果	理解 / 关联
	3. 能根据表达的需要，筛选多个（多角度）材料，用于事理说明	实践（运用）/ 扩展
	4. 能运用恰当的说明顺序整合、组织信息，逻辑清晰地进行推断，说明事理，比如，能画出说明某一事理的思维导图或逻辑推理图	实践（运用）/ 扩展
	5. 能根据需要（比如读者的认知情况），综合运用多种表达方式（以说明为主）准确生动地说明事理	实践（运用）/ 扩展

---

① SOLO 意为"可观察的学习结果的结构"。这一理论将学习结果由低到高划分为前结构、单点结构、多点结构、关联结构和抽象扩展结构五个层次。

3. 对照评估指标编制评估工具。

细化评估指标后，老师们进一步选择詹欢欢《"望梅"能否止渴》这篇事理说明文作为素材，对照每个评估指标，编写相应的问题（被试问题）作为评估工具，同时给出参考答案及对应的评估层级。我们节选其中一部分，如表 14-6 所示。

4. 测量并进行数据处理与分析。

编制好评估工具后，就可以进行测量。为了更加严谨，有的实证研究还设计实验组与对照组，即该单元一部分学生（或班级）采用大概念统领下的单元教学，而另一部分学生（或班级）则采用传统教学方式，以观察其差异。当然，实验前实验组与对比组在其他方面（如学生已有的学业水平、任教教师的专业水平等）应该没有显著差异。

通过测量获得的数据需要进行一定的处理，处理与分析数据需要一定的专业统计学知识，通常不能只计算平均分、优秀率等。比如，"配对样本 T 检验"可以对同一对象进行纵向比较，检验其测量前后是否存在显著差异。也就是说，它可以比较同一学生单元学习前后的测试成绩，从而检验其成绩提升是否显著。当然，还可以采用"单因素方差分析"比较不同群体（实验组与对照组）的成绩是否具有显著差异。这些工作，现在都可以借助相关的计算机软件完成，可以大大提升数据处理效率。

用评估改进我们的教学

评估的目的是促进被评估者进行改进。

这里的被评估者既包括学生，也包括教师。如果评估结果告诉我们，我们设计的大单元教学对学生素养的培育效果并不明显，我们就要反思"大概念的设定是否适切""核心问题的表达是否指向大概

表14-6 "事理说明文"单元教学评估工具（部分）

评估要点	评估指标	被试问题	参考答案	层级1	层级2	层级3
准确筛选文章的主要信息，理解其阐述的事理	能用恰当的方法准确获取信息	本文的说明对象是什么？你的判断依据是什么	对象是望梅不能止渴，判断依据有题目、关键句、高频词等	能准确说出说明对象并能说出具体依据（4—5分，能说出5分，依据说出一点依据4分）	能准确说出说明对象，但没说出依据或依据不准确，只说出两点依据（2—3分）	说明对象不准确或说不准确，或说明不对（0—1分）
	能从多角度、多方面获取信息	根据文章，喝冷饮更能解渴的原因可能是什么	大脑中的神经元可以监控来自口腔的这些信息，将这些信息与血液的温度结合，可以预测饮水对体液平衡的影响，从而调节大脑"传递"向饮水行为，使口渴的神经信号减弱	能整合信息，答出神经元监控饮水信息，会影响监控结果（5分）	仅能答出神经元监控饮水及调节饮水行为（3—4分，有一定逻辑性4分，缺少逻辑性3分）	照抄原文，仅能答出一点（2分）
	能区分主要信息与次要信息，并根据某个目标筛选信息	你从文章中知道了哪些影响渴感的因素	体液的含量，体液中溶质的浓度，人体血量的变化对"渴"渴感程度也有影响	能根据题目要求，准确答出两点（4—5分）	仅能答出一点（2分）	未能准确筛选信息要点（0分）
能比较综合信息，合理理解事理		王老师参加马拉松赛，在比赛中，她大汗淋漓，口渴难耐，边跑边喝水，口渴得到缓解。你能用本文知识解释这一过程吗	①王老师在比赛中大量出汗，体液的含量（或体液中溶质变得不平衡），导致神经元的某个部位（或体液测到细胞脱水（或体液不平衡））实时监测到口渴产生现象；③大脑监测到这一现象，能使人体免于脱水；④喝水之后，体液恢复平衡（或体液得到稀释），渴感消失	能结合文章内容筛选信息，与王老师的行为一一对应，符合情境（5分）	能筛选相关信息，但是缺少情境意识，未能与王老师一对一的行为对应，或没有答（3—4分）	所筛选的信息或情境不准确，或缺乏意识（1—2分）

念""核心任务是否真的有助于学生理解大概念"等一系列问题。当然，除了设计层面，实施层面也是需要反思的——"是否给学生思考核心问题留足了时间""是否为学生完成核心任务提供了必要的工具、策略和脚手架"……

总之，教学评估不是终点，而是新的教学研究的起点。基于评估结果不断进行教学改进，努力做到精益求精，就能使大单元教学质量不断得到提升。

| 第 15 讲 |
疑问和讨论

在前面 14 讲，我们系统阐述了大概念以及大概念统领下的单元教学的相关内容。然而，几乎可以肯定的是，大家一定还会有这样或那样的疑问。因为我们本就应该带着疑问进入阅读，又带着新的疑问走出阅读，然后步入教学实践。

但是，我仍然希望澄清一些常见的疑惑，以便大家更有信心地投入实践。因此，在这一讲，我梳理了 8 个经常被提出的问题，做进一步探讨。

1. 大单元是否一定要把教材中的某些单元整合起来，或者打破教材单元结构进行重构？

在第 5 讲，我们曾对比过传统的单元教学与大概念统领下的单元教学之间的本质区别。但很多时候，我们还是会有这样的误区：大单元教学一定要对教材单元进行重构——或者把原本不在一起的单元整合成一个内容更多、教学时间更长的单元；或者把原有的教材单元打散，按照某种线索重新进行整合。

不可否认，有些教材单元确有重新整合的必要性和可行性，但大单元教学并非一定要对教材单元"动手术"。事实上，很多时候，原有的教材单元就可以作为大单元教学中的单元使用。

那么大单元"大"在哪里呢？大单元的"大"，不是一个物理概念，不是简单的单元体量的变大，而是指上位、统摄、整体和联系。如果只是单纯将教材单元按照某种线索重新组织，而以知识为中心的理念没有改变，教与学的过程也没有改变，那就不能称其为大单元教学。

我们之所以强调大单元教学应该用大概念统领，以核心问题为导向，用核心任务驱动，是为了解决传统教学偏重知识传授而忽略素养培育、"只见树木不见森林"的现象，根本目的就是让核心素养在教学实践中真正落地。

2. 总怕提炼的大概念不科学、不准确，怎么办？

这可能是我们进行大单元教学时，最困扰自己的一个问题。

我们既不是学术专家，也不是高校教授，甚至不是学科名师，而大概念又是体现学科本质、具有深刻内涵的观点，我们有能力提炼吗？我们提炼的大概念科学性有保障吗？万一提炼不准，怎么办？

应该说，有这种担心是正常的，甚至是必要的。因为只有抱着科学严谨、精益求精的态度，才能提炼出高质量的大概念。但我们也不必过于畏首畏尾。因为提炼大概念，没有最好，只有更好！提炼的大概念只要针对目标，与单元培育的核心素养方向保持一致，就会起到灯塔般的引领作用。不必对提炼的大概念是否最凝练或最贴切过于纠结。有时，老师们在一起绞尽脑汁、冥思苦想都提炼不出理想的大概念，却可能在某个时刻忽然受到启发，一蹴而就。有时，我们会在教与学的过程中获得灵感，在大单元教学过程中或者结束后修改之前提炼的大概念。

需要指出的是，大单元教学其实是迭代循环的，设计时需要大量回溯和修改。先做起来是关键，因为对大概念，我们应该先解决"有""无"的问题，再解决"优""劣"的问题。

3. 大单元教学有复杂的核心任务，有的还有子任务，原来的课时还够吗？

要解决这个问题，关键是不能单纯做加法，即认为大单元教学所需的总课时＝讲授知识和技能所需的课时＋完成单元任务所需的课时。如果这样，多数大单元教学的课时都会非常紧张，乃至完全不够用。

我们不应该做加法，而应该做融合。我们应该利用核心任务的驱动性，将其作为大单元教学的"发动机"，让学生在完成任务的过程中学习相关知识，掌握必要的技能。

例如，在学习数学的统计时，设计"撰写食堂窗口合理设置提案"的任务，单元学习就可以以撰写提案为出发点，在学生完成提案撰写的过程中，介绍抽样的方法和原则、统计图表的制作和应用、统计的决策与预测等知识。在这里，学习知识成为完成任务的必备过程，两者完全可以结合在一起，并不需要额外的课时。

有些核心任务不一定适合全部放在课内完成，比如，一些实地调研与考察、一些资料查阅与整理、一些个别化的讨论等，可以放到课外，使其成为作业的一部分。

我们还应看到，如果学生的学习一直朝着理解大概念、思考核心问题的方向，那么很多时候学习就会呈现加速的特点，随着学习的进行，一些知识和技能学生掌握起来往往就很轻松。这也是大概念教学为何能够帮助学习者学习的关键。

总之，大概念统领下的单元教学，是为了让学生学得更好，而不是更累。

4. 大单元教学中如何面对学习差异，有些学生回答不出核心问题，有些学生完不成核心任务，怎么办？

这不是大单元教学才有的问题。事实上，传统教学中也存在学习差异，有时差异甚至更明显。解决方法就是为不同的学生设计有差别的问题和任务。

以核心任务为例，可以设计不同梯度或层级的任务，可分别冠以"基础任务""进阶任务"或"荣誉任务"等名称。还可以分发不同标准的量规，不同量规对完成任务的标准要求不同。比如，上文"撰写食堂窗口合理设置提案"的任务，可以分级设计如下：

基础任务：开设粤菜窗口必要性的研究报告（只调查一种菜品的受欢迎程度）

进阶任务：盖饭和拉面窗口设置比例的研究报告（两种菜品受欢迎程度的对比研究）

荣誉任务：整个食堂所有窗口合理设置提案撰写（所有菜品窗口的统筹协调）

此外，还可以借助小组合作来应对挑战性较强的核心任务。在合作中，不同的学生承担不同的任务，这能使核心任务的难度得到有效分解。需要注意的是，小组合作需要细致的分工以及成员之间的协调与配合，学生需要学会分享自己的成果，表达自己的观点并接受别人的建议。这会在另一个层面使学生的综合素质得到锻炼和培养。

5. 如果核心任务无法涵盖单元的全部知识，那么游离在核心任务之外的孤立知识点该怎么办？

首先，我们要想清一个问题：核心任务无法涵盖的知识点是关键和重要知识点吗？是学科主干与核心内容吗？

如果答案是肯定的，很遗憾，这就表明我们设计的核心任务可能并不合适，需要重新设计。

如果答案是否定的，对这些需要熟悉的知识点，可以设计一些基础性任务甚至直接讲授来落实。

事实上，在核心任务设计中，我们应该避免陷入追求完全覆盖教材内容的误区。这一误区常常导致教师过于看重低层次的知识与技能，而忽略理解迁移能力很强的大概念。大单元教学设计必须以学习迁移为出发点，以大概念和核心问题为学习中心，如图15-1所示。

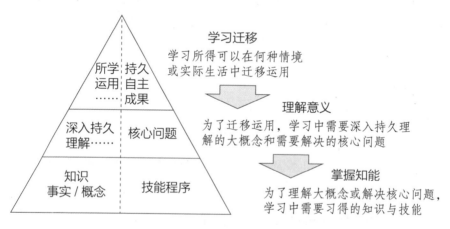

图 15-1　大单元教学设计中的认知层次 [①]

最后，需要说明的是，大概念统领下的单元教学不可能包打天下，

---

① 该框架由于海宁老师设计。

对那些无法融入单元任务的学习内容，可以采取别的办法处理，核心任务不是大单元教学的全部，大单元教学也不是落实核心素养的唯一路径。

6. 大单元教学的时间是不是主要用于指导学生完成核心任务？老师要不要讲授？

这是将学生活动与教师讲授两种教学方式对立起来的一种理解。

大概念统领下的单元教学是一种理念，而非单纯的教学方式。当然，在这种理念的指导下，学生的学习方式会发生质的变化。

机械讲授一定不是大单元教学所追求和提倡的。但应该明确的是，即使是在核心任务完成过程中，教师的引导和点拨也是必不可少的。例如，在任务开启之初，需要教师对任务进行解读与介绍，对量规加以说明，对小组合作分工进行安排与布置等；在任务进行过程中，同样需要教师穿插讲授必需的知识和技能，并及时矫正学生可能出现的偏差；在任务结束时，教师还应该对任务的完成情况进行分析与评估，指出亮点与不足，提出新的问题，以激发学生继续思考。

由此可见，大单元教学不是放任自流，仍然强调教师的指导作用，教师与全体学生或个别学生的交流、沟通是不可或缺的。只有这样，我们才能在学生自主探究与学习效率之间找到平衡。

7. 大单元教学看起来对学生的自主学习要求很高，学生年龄较小或自主学习能力不足，怎么办？

这个问题与前面的第 4 个问题有相似之处，但又有所不同。有时，我们存在一个误区：只有自主学习能力强或高年级的学生才适合进行大单元教学。

不可否认的是，大概念统领下的单元教学对传统的学习方式的确提出了挑战，但这正是我们所希望看到的。我们知道，大单元教学是实现课程内容结构化的一种重要方式。然而，正如北京师范大学郭华老师所说，这里的"结构化，并不止于课程内容的结构化，而是将学生及其活动纳入课程结构之中，使静态的内容能够动起来、活起来"[①]，"是学生进入课程的一条通道"[②]。

大单元教学设计应该符合学生的年龄特点，核心问题和核心任务都应该与当前年龄段学生的理解能力和学习经验相匹配。在大单元教学实施过程中，如果发现核心问题与核心任务过难，就要及时进行调整，不可一味追求高难度。

此外，学生的自主学习能力不是天生就有的，需要我们刻意培养。所有教育本质上都是自我教育，所有学习本质上都是自主学习。在大单元教学之初，学生可能还不知道如何应对，这时教师要耐下心来，从策略和路径入手，教会学生怎样自主或合作开展问题研究，允许学生试错或反复出错，直至他们掌握合适的方法，能够适应大单元教学的节奏。这个过程，也是学生生长出学习力的过程，正所谓"磨刀不误砍柴工"。

8. 大单元教学需要纸笔检测吗？如果需要，跟传统的纸笔测试有什么区别？

在上一讲，我们详细介绍了大单元教学的评估问题，纸笔测试同

---

①② 郭华.落实学生发展核心素养 突显学生主体地位：2022 年版义务教育课程标准解读 [J].四川师范大学学报（社会科学版），2022，49（4）：107-115.

样是一种重要的评估方式。

　　大单元教学并非忽视知识和技能，相反，是为了在更高的维度上更好地学习与掌握知识和技能。而且，一些知识和技能通过传统的纸笔测试加以落实，既省时又高效。因此，在大单元教学中进行纸笔测试是必要的。（如图 15-2 所示）

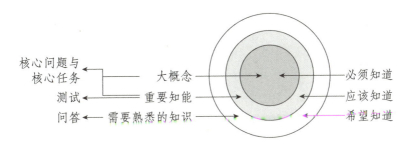

图 15-2　单元内容与评估方式的对应

　　但是，这种测试，不能仅仅注重知识回忆与再现，还要有一定量具有迁移属性的问题。可以设置一些在新情境下解决新问题的题目，以考查学生能否将在完成核心任务过程中学到的思想和方法迁移运用到其他情境中。

　　当然，纸笔测试一定不能成为大单元教学唯一的评估手段。我们还是要以核心任务的完成情况、核心问题的回答情况以及单元学习中的过程性表现，来综合判定学生学习目标的达成程度与大概念的理解程度，因为这些才是大单元教学的要义。

后 记

让素养的培育可见

核心素养无疑是当今教育领域的高频热词之一。虽然各学科课程标准对核心素养在学科中的表现做了比较细致的描述，但一线教师总有一种"难以把握"的感觉。摆在老师们面前的困境是，即使能够理解这些素养的内涵，一时也很难找到有效的素养落实路径。对如何培育素养，专家学者更是众说纷纭，莫衷一是。

一般来说，素养是一个人内在的东西，看不见，摸不着，说不清，但它却可以在一些具体的事情上反映出来，让别人真切地感受到。

我们都承认，素养培育肯定要依托知识。一个不懂学科知识的人，不可能具备这个学科的核心素养。但我们也必须承认，素养不是具备知识之后的必然产物——证明过许多数学问题并不一定具有理性精神，会背诵很多历史年代也不代表具备时空观念。

那么素养形成的标志究竟是什么呢？

主要有两个：一是获得理解，二是能够迁移。前者通过"说"体现，后者通过"做"体现。

然而，具体的知识容易理解但无法迁移，素养容易迁移却不易理解。大概念处于核心素养与具体知识之间，兼具理解性和迁移性，能够很好地起到纽带作用。

因此，大概念统领下的单元教学，其根本目的就是让素养的培育真实可见，让我们能在课堂中听见素养"拔节"的声音，能在校园里看到素养"生发"的样态。

从某种意义上说，这本书是学校探索历程的再现。要感谢于海宁、范冬晶、王星懿、叶翠、张丽君、蒋鸢春、高远、杨清、邵泽慧、林雪松、曲彦霞、徐希阳、李岳、王晓玥、孙骁、薛宁宁、李聪、杨晓蕾、关亚楠等众多同事，这里无法一一列举你们的名字，但正是你们深耕一线，创造出了一个个生动而鲜活的案例，让这本书"言之有物，做而有法"，有了实践的底色和底气。

更要感谢刘艳萍校长，她深谙教育本质，高度重视并亲自推动、参与了这场教与学的变革，其间不仅给予大家许多鼓励，更是给予大家许多指导。

这本书也是理论与实践碰撞的结果。感谢在大概念教学领域勇敢前行的专家们，从布鲁纳到马扎诺、从奥苏贝尔到威金斯，再到崔允漷、张华、刘徽等国内知名学者，他们的研究成果给予我们很多启发。正是站在巨人的肩膀上，我们才走得更稳。

最后，还要感谢源创图书的张万珠老师，正是他一次次以喝咖啡为名的温柔督促，才让我在繁忙的工作中把碎片化的时间利用起来，完成了本书的写作。

大概念统领下的单元教学是落实核心素养的有效路径，但绝不是唯一路径。课程与教学变革的真正动力蕴藏在教师之中。想，都是困难；做，才有办法。只要我们锚定目标，不断前行，就一定会取得实效！

图书在版编目（CIP）数据

大概念教学 15 讲 / 章巍著 . -- 北京：中国人民大
学出版社，2023.9
ISBN 978 - 7 - 300 - 32122 - 6

Ⅰ . ① 大… Ⅱ . ① 章… Ⅲ . ① 中学教育—教学研究
Ⅳ . ① G632.0

中国国家版本馆 CIP 数据核字（2023）第 162628 号

大概念教学 15 讲

章 巍 著

Dagainian Jiaoxue 15 Jiang

出版发行	中国人民大学出版社		
社　　址	北京中关村大街 31 号	**邮政编码**	100080
电　　话	010 - 62511242（总编室）	010 - 62511770（质管部）
	010 - 82501766（邮购部）	010 - 62514148（门市部）
	010 - 62515195（发行公司）	010 - 62515275（盗版举报）
网　　址	http://www.crup.com.cn		
经　　销	新华书店		
印　　刷	北京华宇信诺印刷有限公司		
开　　本	720 mm × 1000 mm　1/16	**版　　次**	2023 年 9 月第 1 版
印　　张	13　插页 1	**印　　次**	2025 年 1 月第 8 次印刷
字　　数	160 000	**定　　价**	68.00 元